I0090301

Z MIŁOŚCI DO GRZYBÓW PORTOBELLO

Wykwintne przygody z królem grzybów

Aniela Wysocka

Prawa autorskie ©2024

Wszelkie prawa zastrzeżone

Żadna część tej książki nie może być wykorzystywana ani rozpowszechniana w jakiejkolwiek formie i w jakikolwiek sposób bez odpowiedniej pisemnej zgody wydawcy i właściciela praw autorskich, z wyjątkiem krótkich cytatów użytych w recenzji. Niniejsza książka nie powinna być traktowana jako substytut porady lekarskiej, prawnej lub innej porady zawodowej.

SPIS TREŚCI

SPIS TREŚCI **3**

WSTĘP **7**

ŚNIADANIE **8**

1. KUBECZKI NA JAJKA Z GRZYBAMI PORTOBELLO 9
2. OMLET Z DMUCHANYMI GRZYBAMI 11
3. GRZYBY NALEŚNIKI Z CIECIERZYCY 13
4. SEROWY OMLET Z PESTO 15
5. GRZYBY PORTOBELLO NADZIEWANE SZPINAKIEM I FETĄ 17
6. KANAPKA Z GRZYBAMI PORTOBELLO 19
7. SEROWE PORTOBELLO NADZIEWANE BOCZKIEM I OMLETEM 21
8. ŚNIADANIE PORTOBELLOS Z SHIITAKE 23
9. GRZYBY PORTOBELLO NADZIEWANE KIEŁBASĄ I SZPINAKIEM 25
10. KAPSUŁKI ŚNIADANIOWE PORTOBELLO Z POMIDORAMI I BAZYLIĄ ... 27
11. AWOKADO I WĘDZONY ŁOSOŚ PORTOBELLO BENEDICT 29
12. QUESADILLAS ŚNIADANIOWE Z GRZYBAMI I SZPINAKIEM 31

PRZYSTAWKI **33**

13. CHRUPIĄCE PIECZONE FRYTKI Z GRZYBAMI PORTOBELLO 34
14. PLACUSZKI Z GRZYBAMI, ZIEMNIAKAMI, DYNIĄ I CHAKALAKĄ 36
15. GRZYBY PORTOBELLO NADZIEWANE FETĄ 39
16. GRZYBY FASZEROWANE FASOLKĄ SZPARAGOWĄ 41
17. GRZYBY NADZIEWANE KREWETKAMI I KOZIM SEREM 43
18. PIECZARKI NADZIEWANE Z DZICZYZNĄ 45
19. SPIRULINA I PIECZARKOWA ARANCINI 48
20. BOCZEK Z GRZYBAMI PORTOBELLO 51
21. KABACZEK I PORTOBELLO BRUSCHETTA 53
22. KROKIETY ZE SPIRULINĄ I GRZYBAMI 56

DANIE GŁÓWNE **59**

23. KOTLET MIELONY PORTOBELLO ZE SŁODKIM SOSEM BALSAMICZNYM . 60
24. PASZTECIKI PORTOBELLO 63
25. STEKI PORTOBELLO Z GRILLA 66

26. Kurczak Madera z Portobello 68

27. Smażone na powietrzu wegańskie steki z grzybów 71

28. Bakłażan i Portobello Lasagne 73

29. Pieczone Portobellos Rom esco 76

30. Makaron Szpinakowo-Grzybowy 78

31. Lasagne z kurczakiem Marsala 80

32. Klopsiki z Dzikich Grzybów 83

33. Risotto z karczochami i Portobello 85

34. Enchilady z grzybami Portobello 87

35. Gnocchi z Semoliny z Pieczarkami Portobello 89

36. Tacos z Microgreens i Kozim Serem 91

37. Ravioli z korzeniem selera z nadzieniem selerowo-grzybowym 93

38. Gnocchi z Kasztanów i Słodkich Ziemniaków 96

39. Suszone Pomidory i Feta Portobellos 99

40. Grzybowe Tacos z Kremem Chipotle 101

41. Risotto Pomidorowe & Grzyb Portobello 103

42. Gulasz Grzybowy 106

43. Portobello zawijane w ciasto 108

44. Grzyby Portobello nadziewane ziemniakami i karczochami 111

45. Kiełbaski Wieprzowe z Pieczarkami 114

46. Dyniowy Farro Pilaw z Portobellos 116

47. Grillowana Kiełbasa i Portobello 118

48. Portobello po florencku 120

49. Grzyby Nadziewane Jagodami Goji i Szpinakiem 122

50. Portobellos, Krewetki i Farro Miski 124

51. Węgiel z wołowiny grzybowej 126

52. Gulasz wołowy Północne lasy 129

53. Grzyby Portobello nadziewane smoczymi owocami 131

54. Steki z serem grzybowym 133

55. Grillowane Grzyby z Sałatką Koperkową i krążkami Cebuli 135

56. Pomidorowe i Pieczarki 138

57. Nowozelandzkie Ciasto Mięsno-Grzybowe 141

58. Sos grzybowy na makaronie jajecznym 144

59. Pikantne kubki z wędzoną sałatą tofu 146

PIZZA **148**

60. Grillowana Pizza Biały Portobellos 149

61. Mini pizze Portobello 152

62. Pizza Portobello i Czarnych Oliwek 154

63. Pizza Portobello 156

64. Klasyczna pizza Margherita Portobello 158

65. Pizza Portobello z kurczakiem i grillem 160

66. Wegetariańska pizza z pesto Portobello 162

67. Pizza Portobello dla miłośników mięsa 164

KANAPKI, BURGERY I WRAPY 166

68. Kanapka ze stekiem grzybowym i pesto 167

69. Burger z grzybami Portobello 169

70. Burger z Dzikimi Grzybami 171

71. Burgery z marynowanymi grzybami i Haloumi 173

72. Burger z pesto grzybowym 175

73. Haloumi Hash Burgery z Jarmużem Aioli 177

74. Włoska kanapka Portobello 179

75. Burger wegetariański bez bułki z grillem 181

76. Quesadilla z Cheddarem Chipotle..184

77. Pasztet warzywny z bulgurem i soczewicą 186

78. Wegetariańskie Wrapy Grzybowe z Pesto 188

79. Seitan Burrito..190

80. Obfite burgery Portobello 192

81. Portobello Po'Chłopcy 194

ZUPY 196

82. Zupa Grzybowa Portobello 197

83. Zupa z Kurczaka i Grzybów z Dzikim Ryżem 199

84. Zupa Krem z Portobello _..201

85. Zupa z Pieczonego Czosnku i Pieczarek Portobello 203

86. Ziołowa zupa grzybowa Portobello 205

87. Curry Zupa Grzybowa Portobello 207

88. Zupa z Dzikiego Ryżu i Grzybów Portobello 209

89. Łatwy Portobell lub Zupa 211

90. Zupa z Soczewicy i Portobello 213

91. Zupa Portobello z Czosnkiem i Parmezanem 215

92. Zupa Portobello z tortillą grzybową 217

SAŁATKI 219

93. Sałatka z grillowanych grzybów Portobello 220

94. Sałatka Portobello i Quinoa 222

95. Sałatka ze szpinakiem i grzybami Portobello 224

96. Sałatka Caprese Portobello z grzybami 226

97. Sałatka śródziemnomorska z grzybami Portobello....................228

98. Azjatycka sałatka z makaronem Portobello i grzybami 230

99. Ciepła Sałatka Portobello i Kozim Serem 232

100. Południowo-Zachodnia Sałatka Quinoa i Portobello 234

WNIOSEK **236**

WSTĘP

Witamy w „Z Miłości Do Grzybów Portobello", Twojej przepustce do smakoszy przygód z królem grzybów. Ta książka kucharska jest celebracją ziemistego, mięsistego i wszechstronnego grzyba Portobello, prowadząc Cię przez kulinarną podróż, która odkrywa głębię jego bogatych smaków i tekstur. Dołącz do nas i wyruszamy w wykwintną przygodę, która wynosi skromne Portobello na nowy poziom.

Wyobraź sobie stół udekorowany pikantnymi stekami Portobello, smakowitymi nadziewanymi czapkami i kreatywnymi daniami inspirowanymi grzybami – a wszystko to inspirowane silną i obfitą naturą króla grzybów. „Z miłości do grzybów Portobello" to nie tylko zbiór przepisów; to oda do wszechstronności, głębi i potencjału kulinarnego tych ukochanych grzybów. Niezależnie od tego, czy jesteś zapalonym miłośnikiem grzybów, czy po prostu ciekawi Cię poszerzanie swoich kulinarnych horyzontów, te przepisy zostały stworzone, aby zainspirować Cię do tworzenia wyśmienitych przysmaków z grzybem Portobello.

Od klasycznych grillowanych steków Portobello po innowacyjne przystawki i pożywne dania główne, każdy przepis jest celebracją bogatego umami i mięsistej konsystencji, którą Portobellos wnosi na stół. Niezależnie od tego, czy organizujesz ucztę na bazie roślin, czy też chcesz dodać pikantnych akcentów do swoich posiłków, ta książka kucharska to źródło informacji, które pomoże Ci odkryć wyśmienitą stronę króla grzybów.

Dołącz do nas podczas przemierzania kulinarnych krajobrazów grzybów Portobello, gdzie każda kreacja jest świadectwem solidnej i wszechstronnej natury tego królewskiego grzyba. Załóż więc fartuch, rozkoszuj się ziemistymi smakami i wyrusz w rozkoszną podróż po „Z Miłości Do Grzybów Portobello".

ŚNIADANIE

1.Kubeczki na jajka z grzybami Portobello

SKŁADNIKI:
- 4 duże pieczarki portobello
- 4 jajka
- 1 szklanka posiekanego szpinaku
- 1/2 szklanki pomidorków koktajlowych, pokrojonych w kostkę
- Sól i pieprz do smaku
- Oliwa z oliwek do skropienia

INSTRUKCJE:
a) Rozgrzej piekarnik do 190°C (375°F).
b) Usuń łodygi z grzybów portobello i połóż je na blasze do pieczenia.
c) Wbij po jednym jajku do każdej czapki grzyba.
d) Każde jajko posyp posiekanym szpinakiem i pokrojonymi w kostkę pomidorami.
e) Dopraw solą i pieprzem do smaku.
f) Skropić z wierzchu oliwą z oliwek.
g) Piec w nagrzanym piekarniku przez 15-20 minut lub do momentu, aż jajka będą odpowiednio ugotowane.

2.Omlet z dmuchanymi grzybami

SKŁADNIKI:

- 20 g masła
- 1 łyżka oliwy z oliwek
- 2 duże grzyby portobello, drobno pokrojone
- 1 szalotka bananowa, pokrojona w cienkie plasterki
- 3 jajka
- 100 ml jogurtu naturalnego
- 1 łyżka posiekanej bazylii
- 1 łyżka posiekanej natki pietruszki
- ½ łyżki szczypiorku, posiekanego

INSTRUKCJE:

a) Na dużej patelni z pokrywką rozgrzej masło i olej. Pieczarki smażymy, nie mieszając zbyt często, żeby nabrały koloru.

b) Dodać szalotkę i smażyć do miękkości. Zmniejsz ogień do najmniejszego możliwego płomienia.

c) Wymieszaj jajka z jogurtem, a następnie dopraw dużą szczyptą soli morskiej i pieprzu. Ubijaj trzepaczką elektryczną (lub energicznie ręcznie), aż masa będzie bardzo pienista.

d) Wlać mieszaninę na patelnię, dodać zioła i przykryć.

e) Gotuj, aż napęcznieje i całkowicie się zetnie.

3.Grzyby Naleśniki z ciecierzycy

SKŁADNIKI:
NALEŚNIKI:
- 140 g mąki z ciecierzycy
- 30 g mąki orzechowej
- 5 g drożdży odżywczych
- 5 g curry w proszku
- 350 ml wody
- Sól dla smaku

POŻYWNY:
- 10 ml oliwy z oliwek
- 4 kapelusze grzybów Portobello, pokrojone w cienkie plasterki
- 1 cebula, pokrojona w cienkie plasterki
- 30 g szpinaku baby
- Sól i pieprz do smaku
- Wegański majonez

INSTRUKCJE:
ZROBIĆ CRĘPES
a) W blenderze połącz mąkę z ciecierzycy, mąkę z orzeszków ziemnych, odżywcze drożdże, curry w proszku, wodę i sól do smaku.

b) Rozgrzej dużą patelnię z powłoką nieprzywierającą na średnim ogniu. Spryskaj patelnię odrobiną oleju kuchennego.

c) Wlać ¼ szklanki ciasta na patelnię i ruchami wirowymi rozprowadzić ciasto po całym dnie patelni.

d) Smaż naleśniki przez 1 minutę z każdej strony. Zsuń naleśnik na talerz i trzymaj w cieple.

ZRÓB NADZIENIE
e) Rozgrzej oliwę z oliwek na patelni na średnim ogniu.

f) Dodaj grzyby i cebulę i smaż przez 6-8 minut.

g) Dodaj szpinak i mieszaj, aż zwiędnie, przez 1 minutę.

h) Doprawiamy solą i pieprzem i przekładamy do dużej miski.

i) Dodaj przygotowany wegański majonez.

4.Serowy omlet z pesto

SKŁADNIKI:
- 1 łyżeczka oliwy z oliwek
- 1 kapelusz grzyba Portobello, pokrojony w plasterki
- 1/4 szklanki posiekanej czerwonej cebuli
- 4 białka jaj
- 1 łyżeczka wody
- sól i mielony czarny pieprz do smaku
- 1/4 szklanki startego niskotłuszczowego sera mozzarella
- 1 łyżeczka przygotowanego pesto

INSTRUKCJE:
a)   Na patelni rozgrzej olej na średnim ogniu i smaż cebulę i grzyby przez około 3-5 minut.

b)   W małej misce dodaj wodę, białka, sól i czarny pieprz i dobrze ubij.

c)   Dodaj mieszaninę białek na patelnię i smaż, często mieszając, przez około 5 minut lub do momentu, aż białka zaczną być sztywne.

d)   Na omlecie połóż ser, a następnie pesto, ostrożnie złóż omlet i smaż przez około 2-3 minuty lub do momentu, aż ser się roztopi.

5.Grzyby Portobello nadziewane szpinakiem i fetą

SKŁADNIKI:
- 4 duże pieczarki portobello
- 1 szklanka posiekanego szpinaku
- 1/2 szklanki sera feta, pokruszonego
- 1 ząbek czosnku, posiekany
- 2 łyżki oliwy z oliwek
- Sól i pieprz do smaku

INSTRUKCJE:
a) Rozgrzej piekarnik do 190°C (375°F).
b) Usuń łodygi z grzybów portobello i połóż je na blasze do pieczenia.
c) Na patelni podsmaż na oliwie posiekany szpinak i posiekany czosnek, aż zwiędną.
d) Napełnij każdą czapkę grzyba masą szpinakową.
e) Posyp pokruszonym serem feta.
f) Dopraw solą i pieprzem do smaku.
g) Piec w nagrzanym piekarniku przez 15-20 minut lub do momentu, aż grzyby będą miękkie.

6.Kanapka z grzybami Portobello

SKŁADNIKI:
- 4 duże pieczarki portobello
- 4 jajka
- 4 angielskie babeczki, tostowe
- 1 awokado, pokrojone w plasterki
- 1 szklanka rukoli
- Sól i pieprz do smaku

INSTRUKCJE:
a)   Rozgrzej piekarnik do 190°C (375°F).
b)   Usuń łodygi z grzybów portobello i połóż je na blasze do pieczenia.
c)   Wbij po jednym jajku do każdej czapki grzyba.
d)   Dopraw solą i pieprzem do smaku.
e)   Piec w nagrzanym piekarniku przez 15-20 minut lub do momentu, aż jajka będą odpowiednio ugotowane.
f)   Złóż kanapkę, umieszczając grzyba z jajkiem na każdej opiekanej angielskiej muffince.
g)   Na wierzchu ułóż plasterki awokado i rukolę.

7.Serowe Portobello Nadziewane Boczkiem I Omletem

SKŁADNIKI:
- 4 duże pieczarki portobello
- 4 jajka, ubite
- 1/2 szklanki sera cheddar, posiekanego
- 4 plasterki boczku, ugotowane i pokrojone
- 1/4 szklanki posiekanej zielonej cebuli
- Sól i pieprz do smaku

INSTRUKCJE:
a) Rozgrzej piekarnik do 190°C (375°F).
b) Usuń łodygi z grzybów portobello i połóż je na blasze do pieczenia.
c) W misce wymieszaj ubite jajka, pokruszony ser cheddar, pokruszony bekon i posiekaną zieloną cebulę.
d) Wlać mieszaninę jajek do każdej czapki grzyba.
e) Dopraw solą i pieprzem do smaku.
f) Piec w nagrzanym piekarniku przez 15-20 minut lub do momentu, aż jajka się zetną, a grzyby będą miękkie.

8.Śniadanie Portobellos Z Shiitake

SKŁADNIKI:
- 4 średnie lub duże, świeże czapki portobello o średnicy 4-6 cali; wyczyszczony
- 3 łyżki oliwy z oliwek
- 4 uncje grzybów Shiitake; łodygi zostały usunięte, a kapelusze pokrojone w plasterki
- ½ małej cebuli; drobno pokrojone
- 1 szklanka świeżych ziaren kukurydzy
- ⅓ szklanki prażonych orzeszków piniowych
- ½ szklanki smażonego, pokruszonego boczku
- Sól
- 8 Jajek

INSTRUKCJE:
a) Rozgrzej piekarnik do 400 stopni. Umieścić czapki portobello blaszkami do góry w dużym naczyniu do pieczenia i piec 5 minut. W międzyczasie w dużym garnku rozgrzej olej

b) Smażyć patelnię na dużym ogniu. Dodaj shiitake, cebulę i kukurydzę; Smażyć, aż grzyby będą wiotkie, a kukurydza miękka, 3-4 minuty. Dodaj orzeszki piniowe i boczek, jeśli używasz, i dobrze wymieszaj. Pamiętaj, aby dobrze sezonować.

c) Wyjmij grzyby z piekarnika i równomiernie podziel mieszaninę shiitake pomiędzy 4 nakrętki, wyrównując powierzchnię. Upewnij się, że czapki leżą możliwie płasko, aby jajka nie zsunęły się na bok podczas pieczenia. Na wierzch każdego grzyba wbij 2 jajka.

d) Lekko posolić jajka i wstawić naczynie z powrotem do piekarnika. Piecz, aż jajka będą gotowe, a następnie podawaj od razu.

9.Grzyby Portobello Nadziewane Kiełbasą I Szpinakiem

SKŁADNIKI:
- 4 duże pieczarki portobello
- 1/2 funta kiełbasy śniadaniowej, ugotowanej i pokruszonej
- 1 szklanka świeżego szpinaku, posiekanego
- 1/2 szklanki sera cheddar, posiekanego
- 4 jajka
- Sól i pieprz do smaku

INSTRUKCJE:
a) Rozgrzej piekarnik do 190°C (375°F).
b) Usuń łodygi z grzybów portobello i połóż je na blasze do pieczenia.
c) W misce wymieszaj ugotowaną kiełbasę, posiekany szpinak i pokruszony ser cheddar.
d) Włóż mieszaninę kiełbasy do każdej czapki grzyba.
e) Na wierzch każdego nadziewanego grzyba wbij jedno jajko.
f) Dopraw solą i pieprzem do smaku.
g) Piec przez 15-20 minut lub do momentu, aż jajka będą ugotowane według własnych upodobań.

10.Kapsułki śniadaniowe Portobello z pomidorami i bazylią

SKŁADNIKI:

- 4 duże pieczarki portobello
- 1 szklanka pomidorków koktajlowych, przekrojonych na połówki
- 1/2 szklanki świeżej bazylii, posiekanej
- 4 jajka
- 1/4 szklanki startego parmezanu
- Sól i pieprz do smaku

INSTRUKCJE:

a) Rozgrzej piekarnik do 190°C (375°F).

b) Usuń łodygi z grzybów portobello i połóż je na blasze do pieczenia.

c) Rozłóż równomiernie przekrojone na połówki pomidorki cherry i posiekaną bazylię pomiędzy grzybami.

d) Na wierzch każdego grzyba wbij po jednym jajku.

e) Posyp parmezanem każde jajko.

f) Dopraw solą i pieprzem do smaku.

g) Piec przez 15-20 minut lub do momentu, aż jajka się zetną.

11.Awokado I Wędzony Łosoś Portobello Benedict

SKŁADNIKI:
- 4 duże pieczarki portobello
- 4 jajka
- 4 uncje wędzonego łososia
- 1 awokado, pokrojone w plasterki
- Sos holenderski (kupny lub domowy)
- Szczypiorek, posiekany (do dekoracji)

INSTRUKCJE:
a) Rozgrzej piekarnik do 190°C (375°F).
b) Usuń łodygi z grzybów portobello i połóż je na blasze do pieczenia.
c) Wbij po jednym jajku do każdej czapki grzyba.
d) Piec przez 15-20 minut lub do momentu, aż jajka będą ugotowane według własnych upodobań.
e) Na każdym grzybie połóż plasterek wędzonego łososia i awokado.
f) Polać wierzch sosem holenderskim.
g) Udekoruj posiekanym szczypiorkiem.

12.Quesadillas śniadaniowe z grzybami i szpinakiem

SKŁADNIKI:
- 4 duże grzyby portobello, pokrojone w plasterki
- 2 szklanki szpinaku baby
- 4 duże tortille pszenne
- 1 szklanka startego sera Monterey Jack
- 4 jajka, jajecznica
- Salsa i kwaśna śmietana (opcjonalnie do podania)

INSTRUKCJE:
a) Na patelni podsmaż pokrojone w plasterki grzyby portobello, aż puszczą wilgoć.

b) Dodaj młody szpinak na patelnię i smaż, aż zwiędnie.

c) Połóż tortillę na patelni lub patelni na średnim ogniu.

d) Posyp tartym serem jedną połowę tortilli.

e) Na ser wyłóż mieszankę grzybów i szpinaku.

f) Na powstałą mieszaninę wlać jajecznicę.

g) Złóż tortillę na pół, dociskając ją szpatułką.

h) Smaż przez 2-3 minuty z każdej strony, aż quesadilla będzie złocista, a ser się roztopi.

i) Powtórz tę czynność dla pozostałych tortilli.

j) W razie potrzeby podawaj z salsą i kwaśną śmietaną.

PRZYSTAWKI

13.Chrupiące pieczone frytki z grzybami Portobello

SKŁADNIKI:

- 4 duże pieczarki portobello, usunąć łodygi, a kapelusze pokroić w frytki
- 1 szklanka bułki tartej panko
- 1/2 szklanki startego parmezanu
- 1 łyżeczka czosnku w proszku
- 1 łyżeczka proszku cebulowego
- 1/2 łyżeczki wędzonej papryki
- Sól i czarny pieprz do smaku
- 2 duże jajka, ubite
- Spray kuchenny lub oliwa z oliwek do posmarowania

INSTRUKCJE:

a) Rozgrzej piekarnik do 220°C (425°F). Blachę do pieczenia wyłóż papierem pergaminowym i odłóż na bok.

b) W płytkiej misce wymieszaj bułkę tartą panko, starty parmezan, proszek czosnkowy, proszek cebulowy, wędzoną paprykę, sól i czarny pieprz. Dobrze wymieszaj, aby utworzyć mieszaninę powłokową.

c) Zanurzaj każdy smażony grzyb portobello w ubitych jajkach, upewniając się, że jest nim całkowicie pokryty.

d) Obtocz panierowany narybek grzybowy w mieszance bułki tartej, delikatnie dociskając, aby równomiernie przylegała panierka.

e) Połóż panierowane frytki grzybowe na przygotowanej blasze do pieczenia, pozostawiając odstęp między każdym frytem.

f) Lekko posmaruj frytki grzybowe sprayem kuchennym lub posmaruj oliwą z oliwek.

g) Piec w nagrzanym piekarniku przez 15-20 minut lub do momentu, aż frytki będą złocistobrązowe i chrupiące. W połowie czasu pieczenia należy je obrócić, aby były jeszcze chrupiące.

h) Wyjmij z piekarnika i przed podaniem pozwól im lekko ostygnąć.

i) Opcjonalnie: Podawaj z ulubionym sosem, takim jak marinara, aioli lub ranczo.

j) Rozkoszuj się chrupiącymi pieczonymi frytkami z grzybami Portobello jako smaczną przekąską lub wyjątkowym dodatkiem do dania z satysfakcjonującą chrupkością!

14.Placuszki z grzybami, ziemniakami, dynią i chakalaką

SKŁADNIKI:

DO GRILLOWANYCH GRZYBÓW

- 200 g grzybów Portabello
- 1 g Kurkumy
- 1 g drobnej soli
- 15 ml oliwy z oliwek
- 10 ml octu

DO ZIEMNIAKA HASSELBACK

- 250 g Ziemniaków
- 1 g Kurkumy
- 1 g drobnej soli
- 15 ml oliwy z oliwek
- 2 g rozmarynu
- 5 g sera parmezanowego

DO FRITTERÓW DYNIOWYCH

- 150 g Orzech piżmowy
- 30 g mąki tortowej
- 45ml Aquafaby
- 1 g proszku do pieczenia
- 2 g fasolki maślanej z puszki
- 0,125 g Cała kolendra

DLA CHAKALAKI

- 5 g posiekanej białej cebuli
- 5 g czerwonej papryki pokrojonej w kostkę
- 5 g zielonej papryki pokrojonej w kostkę
- 15 g Tartej marchewki
- 10 g posiekanych pomidorów śliwkowych
- 100 g ciecierzycy z puszki
- 10 ml chutneya
- 2 ml octu ryżowego
- 1 g imbiru
- 1 g mielonego cynamonu
- 2 g cukru melasowego

INSTRUKCJE:

DLA GRZYBKA

a) Doprawić grzyby, zamarynować w oliwie z oliwek i balsamico.

b) Obsmaż na gorącej patelni i smaż, aż się skarmelizuje.

DO ZIEMNIAKA HASSELBACK

c) Ziemniaki ułóż na blasze do pieczenia, posmaruj połową oliwy, posyp solą, pieprzem i rozmarynem.

d) Piec w temperaturze 210'C przez 30 minut.

e) Wyjmij z piekarnika, posmaruj pozostałym olejem i posyp serem. Piec aż do ugotowania.

DO FRITTERÓW DYNIOWYCH

f) Połączyć masło orzechowe, mąkę, aquafabę i proszek do pieczenia na gładkie ciasto.

g) Smażymy na głębokim tłuszczu kawałki ciasta na rozgrzanym oleju.

h) Posyp cukrem cynamonowym.

DLA CHAKALAKI

i) Wszystkie warzywa podsmażamy na oliwie, aż zaczną mięknąć.

j) Dodaj przyprawy i gotuj, aż zacznie wydzielać zapach.

k) Dodaj koncentrat pomidorowy, chutney i fasolkę po bretońsku. Kontynuuj gotowanie przez kilka minut.

15.Grzyby Portobello nadziewane fetą

SKŁADNIKI:
- 4 (4") duże grzyby Portobello
- 2 łyżki oliwy z oliwek extra virgin
- 1 ząbek czosnku (obrany i posiekany)
- ¼ łyżeczki soli
- 1 szklanka sera feta (pokruszonego)
- ½ szklanki pesto

INSTRUKCJE:
a) Usuń i wyrzuć łodygi grzybów. Za pomocą łyżki zeskrob, usuń i wyrzuć skrzela.

b) W misce wymieszaj oliwę z czosnkiem. Posmaruj grzyby oliwą z dodatkiem czosnku i dopraw solą.

c) W mniejszej misce połącz pokruszoną fetę z pesto.

d) Ułóż grzyby na arkuszu natłuszczonej folii aluminiowej i grilluj łodygą do góry, pod przykryciem na umiarkowanym ogniu przez 8-10 minut.

e) Włóż mieszaninę fety do grzybów i przykryj, grilluj, aż się rozgrzeje, przez 2-3 minuty.

16.Grzyby faszerowane fasolką szparagową

SKŁADNIKI:
- 3 plastry bekonu z indyka (pokrojone w kostkę)
- 1 ½ łyżeczki czosnku (obranego i posiekanego)
- 1 (14½ uncji) puszka zielonej fasolki francuskiej (odsączonej)
- ¾ szklanki parmezanu (świeżo startego i podzielonego)
- ¼ szklanki skondensowanej zupy-kremu cebulowego (nierozcieńczona)
- ¼ szklanki wody
- ⅛ łyżeczki mielonej gałki muszkatołowej
- ⅛ łyżeczki czarnego pieprzu
- 1 szklanka suchej bułki tartej
- 30 całych małych grzybów Portobello
- Nieprzywierający spray do gotowania
- 1 (2,8 uncji) puszka smażonej po francusku cebuli

INSTRUKCJE:
a) Smażyć boczek, aż będzie chrupiący na umiarkowanym ogniu na małej patelni.
b) Dodaj czosnek i smaż przez dodatkowe 60 sekund.
c) W robocie kuchennym wymieszaj francuską fasolkę szparagową, ½ szklanki parmezanu, skondensowaną zupę cebulową, wodę, gałkę muszkatołową, czarny pieprz i mieszankę bekonu i miksuj aż do połączenia. Przełóż mieszaninę do miski i posyp bułką tartą.
d) Usuń i wyrzuć łodygi grzybów. Używając nieprzywierającego sprayu do gotowania, spryskaj kapelusze grzybów i ułóż je na nienatłuszczonej formie do pieczenia o wymiarach 15x10x1 cali, bokami łodygi skierowanymi w dół. Piec w piekarniku nagrzanym na 200°F przez 10 minut, raz przewracając.
e) Odcedź płyn z kapeluszy grzybów i wypełnij mieszanką francuskiej fasolki szparagowej. Posyp pozostałym parmezanem i smażoną cebulą. Piec w piekarniku kolejne 8-10 minut, aż grzyby zmiękną i nadzienie się zagrzeje.
f) Podawaj i ciesz się.

17.Grzyby Nadziewane Krewetkami I Kozim Serem

SKŁADNIKI:

- 8 uncji niegotowanych krewetek, obranych, oczyszczonych i posiekanych
- 1 (4 uncje) świeżego sera koziego z ziołami (pokruszonego)
- ⅓ szklanki zielonej cebuli (posiekanej)
- ¼ szklanki bułki tartej panko
- 1 łyżeczka świeżego korzenia imbiru (posiekanego)
- ½ łyżeczki zmielonych płatków czerwonej papryki
- ½ łyżeczki soli
- ¼ łyżeczki czarnego pieprzu
- 8 uncji całych młodych grzybów Portobello (łodygowych)
- 2 łyżki oleju sezamowego
- Zielona cebula (cienkie plasterki, do dekoracji)

INSTRUKCJE:

a) W misce wymieszaj krewetki, kozi ser, zieloną cebulę, bułkę tartą, korzeń imbiru, płatki czerwonej papryki, sól i czarny pieprz.

b) Włóż mieszaninę krewetek do kapeluszy grzybów i ułóż je na nienatłuszczonej blasze do pieczenia. Skropić olejem sezamowym.

c) Piecz grzyby w temperaturze 150°F przez 10-15 minut, aż krewetki będą różowe.

d) Udekoruj nadziewane grzyby zieloną cebulą i ciesz się ciepłem.

18.Pieczarki Nadziewane Z Dziczyzną

SKŁADNIKI:

- 4 (5") całe młode grzyby Portobello
- ½ (7 uncji) puszki drobnych, pokrojonych w kostkę pomidorów (dobrze przecedzonych)
- 1 funt mielonej dziczyzny
- ½ łyżeczki soli
- ⅛ łyżeczki czarnego pieprzu
- ¼ łyżeczki proszku cebulowego
- ¼ łyżeczki suszonego tymianku
- ¾ łyżeczki nasion kopru włoskiego
- ¼ łyżeczki pieprzu cayenne
- ½ łyżeczki suszonego oregano
- 1 łyżeczka papryki
- ½ łyżeczki suszonej bazylii
- 1 jajko
- 3 uncje pasty pomidorowej
- ⅓ szklanki octu balsamicznego
- 3-4 ząbki czosnku (obrane i zmiażdżone)
- ½ szklanki zielonej cebuli (posiekanej)
- 1 (4 uncje) puszka pokrojonych w plasterki czarnych oliwek (odsączonych)
- 1 ½ szklanki mozzarelli (posiekanej)
- 1 szklanka mieszanki włoskich serów 3
- ¼ szklanki włoskiej bułki tartej

INSTRUKCJE:

a) Rozgrzej główny piekarnik do 375°F.

b) Usuń i pokrój w drobną kostkę łodygi z kapeluszy grzybów. Odłożyć na bok.

c) Połóż kapelusze grzybów na papierowym ręczniku kuchennym, łodygą skierowaną w dół.

d) Pomidory z puszki przetrzyj przez sitko i delikatnie dociśnij grzbietem drewnianej łyżki, aby usunąć jak najwięcej płynu.

e) W misce wymieszaj mieloną dziczyznę z solą, czarnym pieprzem, proszkiem cebulowym, suszonym tymiankiem, nasionami kopru włoskiego, pieprzem cayenne, suszonym oregano, papryką i suszoną bazylią. Następnie dodaj jajko, koncentrat pomidorowy i ocet. Dokładnie wymieszaj do połączenia.

f) Następnie dodaj czosnek, zieloną cebulę, czarne oliwki, pokrojone w kostkę łodygi cebuli, mozzarellę, włoski ser mieszany i bułkę tartą.

g) Dużą łyżką nadziewamy kapelusze grzybów mieszanką z dziczyzny. Ilość nadzienia powinna wynosić około 75 procent wielkości pieczarki.

h) Piecz faszerowane grzyby na żeliwnej patelni przez 20-25 minut, aż będą ugotowane.

19.Spirulina I Pieczarkowa Arancini

SKŁADNIKI:

- 2 szklanki bulionu wegetariańskiego (lub bulionu z kurczaka)
- 2 łyżki oliwy z oliwek
- 1 cebula, drobno pokrojona
- 2 ząbki czosnku, zmiażdżone
- 3 świeże pieczarki szwajcarskie lub polne
- 2 suszone grzyby shiitake
- ¼ szklanki pokrojonych w plasterki suszonych grzybów portobello
- ½ szklanki białego wina
- 1 ½ szklanki (300 g) ryżu arborio
- ¾ szklanki (58 g) startego parmezanu, mozzarelli lub sera cheddar
- 2 łyżki świeżej spiruliny
- ½ szklanki (65 g) mąki pszennej
- 3 jajka, ubite
- 1 szklanka bułki tartej
- Olej do płytkiego smażenia
- Sól, doprawić

INSTRUKCJE:
a) Rozgrzej piekarnik do 160°C.
b) Umieść bulion w rondlu ustawionym na średnim ogniu. Doprowadzić do wrzenia, następnie zmniejszyć ogień, przykryć i trzymać na małym ogniu.
c) Suszone grzyby zalać 1 szklanką gorącej wody. Gdy suszone grzyby będą miękkie, odciśnij nadmiar płynu i grubo je posiekaj. Do wywaru dodać wodę z moczenia.
d) Posiekaj świeże grzyby.
e) Rozgrzej oliwę z oliwek w dużym rondlu na średnim ogniu. Dodaj drobno posiekaną cebulę i zmiażdżony czosnek i smaż przez 1-2 minuty lub do momentu, aż zmiękną.
f) Dodajemy pokrojone grzyby i smażymy 2-3 minuty, aż zmiękną.
g) Zmniejsz ogień do małego, dodaj ryż arborio i mieszaj przez 3-4 minuty, upewniając się, że jest równomiernie pokryty olejem.
h) Dodaj białe wino i gotuj, aż zostanie wchłonięte przez ryż.
i) Rozpocznij podgrzewanie bulionu w porcjach po ½ szklanki i od czasu do czasu mieszaj. Kontynuuj ten proces, aż ryż wchłonie bulion i osiągnie konsystencję al dente. Mieszanka powinna być lekko lepka.
j) Dodać starty ser i świeżą spirulinę, dobrze wymieszać. Dopraw mieszaninę solą i pieprzem do smaku. Pozwól mu całkowicie ostygnąć.
k) Z czubatych łyżek mieszanki na risotto formuj kulki, oprósz je mąką, zanurz w ubitych jajkach, a następnie obtocz w bułce tartej.
l) Lekko płytko smaż kulki, aż bułka tarta stanie się złotobrązowa.
m) Kulki przekładamy na blachę wyłożoną pergaminem do pieczenia i pieczemy kolejne 20 minut.

20.Boczek z grzybami Portobello

SKŁADNIKI:

- 2 łyżki jasnej oliwy z oliwek
- 2 łyżki sosu sojowego
- 1 łyżka czystego syropu klonowego
- ½ łyżeczki płynnego dymu
- 1 łyżeczka wędzonej papryki
- ¼ łyżeczki płatków czerwonej papryki
- ¼ łyżeczki pieprzu
- 2 grzyby portobello pokrojone w paski o szerokości ⅛ cala

INSTRUKCJE:

a) W dużej misce wymieszaj oliwę z oliwek, sos sojowy, syrop klonowy, płynny dym, wędzoną paprykę, płatki czerwonej papryki i pieprz. Dodać plasterki grzybów i wymieszać, żeby się pokryły.

b) Wybierz funkcję Rozgrzewanie wstępne w tosterze z frytkownicą, a następnie naciśnij przycisk Start/Pauza.

c) Plasterki grzybów ułóż w koszu do smażenia równą warstwą, a następnie włóż kosz w środkowej pozycji do nagrzanego piekarnika.

d) Wybierz funkcje Air Fry i Shake, ustaw czas na 15 minut i naciśnij Start/Pauza.

e) W połowie smażenia obróć plasterki grzybów na drugą stronę. Funkcja Shake Reminder poinformuje Cię, kiedy to zrobić.

f) Wyjmij, gdy grzyby będą chrupiące.

21.Kabaczek I Portobello Bruschetta

SKŁADNIKI:

- 1¾ funta dyni piżmowej lub dyni z miąższem pomarańczowym
- ¾ funta grzybów Portobello, wyczyszczonych i usuniętych łodyg
- 3 ząbki czosnku
- Sól i świeżo zmielony pieprz do smaku
- 1 łyżka posiekanego świeżego oregano
- 1 łyżka posiekanego świeżego rozmarynu
- 2 łyżki octu balsamicznego
- ¼ szklanki bulionu z kurczaka o niskiej zawartości sodu, odtłuszczonego
- ¼ szklanki miękkiego sera koziego
- 6 kromek Chleba Wiejskiego Pełnoziarnistego
- Oliwa z oliwek w sprayu

INSTRUKCJE:

a) Rozgrzej piekarnik do 425 stopni z stojakiem pośrodku. Spryskaj brytfannę sprayem kuchennym. Dynię przekrój wzdłuż na pół. Usuń nasiona i włókna, obierz je. Dynię pokroić na ½-calowe kawałki.

b) Portobello pokroić na półcalowe kawałki. Przenieś dynię i grzyby na patelnię, trzymając je osobno.

c) Dodaj czosnek. Spryskaj wszystko sprayem kuchennym. Posypać solą i pieprzem oraz połową oregano i rozmarynem.

d) Gotuj, aż portobellos będą miękkie, 15–20 minut, i wyjmij portobellos. Rozłóż dynię na patelni, obracając szpatułką. Zwiększ temperaturę do 450 stopni.

e) Gotuj, aż dynia będzie miękka, a czosnek miękki, około 15 minut dłużej. Wyjmij z piekarnika. Usuń ząbki czosnku i zachowaj je.

f) Włóż portobellos z powrotem na patelnię i umieść na średnim ogniu na płycie kuchennej.

g) Dodaj ocet, bulion z kurczaka oraz pozostałą połowę oregano i rozmarynu i zeskrobuj je z dna patelni, aby usunąć przypieczone kawałki.

h) Gotuj, często mieszając, aż płyn zredukuje się do postaci glazury, 2–3 minuty. Przenieś mieszaninę do dużej miski. Niech lekko ostygnie.

i) Usuń około ⅓ kostek dyni z mieszanki i przenieś do średniej miski. Za pomocą grzbietu noża zeskrob miękki miąższ czosnku z każdego ząbka. Dodaj do miski. Dodaj kozi ser.

j) Za pomocą widelca rozgnieć składniki na pastę. Odłożyć na bok. Lekko podsmaż kromki chleba na patelni grillowej lub pod grillem. Każdą smarujemy pastą dyniową.

k) Każdą z nich posmaruj mieszanką dyni i portobello.

l) Udekoruj oregano i rozmarynem.

22.Krokiety ze Spiruliną I Grzybami

SKŁADNIKI:

- 2 szklanki bulionu wegetariańskiego (lub bulionu z kurczaka)
- 2 łyżki oliwy z oliwek
- 1 cebula, drobno pokrojona
- 2 ząbki czosnku, zmiażdżone
- 3 świeże pieczarki szwajcarskie lub polne
- 2 suszone grzyby shiitake
- ¼ szklanki pokrojonych w plasterki suszonych grzybów portobello
- ½ szklanki białego wina
- 1 ½ szklanki (300 g) ryżu arborio
- ¾ szklanki (58 g) startego parmezanu, mozzarelli lub sera cheddar
- 2 łyżki świeżej spiruliny
- ½ szklanki (65 g) mąki pszennej
- 3 jajka, ubite
- 1 szklanka bułki tartej
- Olej do płytkiego smażenia
- Sól, doprawić

INSTRUKCJE:

n) Rozgrzej piekarnik do 160°C.

o) Umieść bulion w rondlu ustawionym na średnim ogniu. Doprowadzić do wrzenia, następnie zmniejszyć ogień, przykryć i trzymać na małym ogniu.

p) Suszone grzyby zalać 1 szklanką gorącej wody. Gdy suszone grzyby będą miękkie, odciśnij nadmiar płynu i grubo je posiekaj. Do wywaru dodać wodę z moczenia.

q) Posiekaj świeże grzyby.

r) Rozgrzej oliwę z oliwek w dużym rondlu na średnim ogniu. Dodaj drobno posiekaną cebulę i zmiażdżony czosnek i smaż przez 1-2 minuty lub do momentu, aż zmiękną.

s) Dodajemy pokrojone grzyby i smażymy 2-3 minuty, aż zmiękną.

t) Zmniejsz ogień do małego, dodaj ryż arborio i mieszaj przez 3-4 minuty, upewniając się, że jest równomiernie pokryty olejem.

u) Dodaj białe wino i gotuj, aż zostanie wchłonięte przez ryż.

v) Rozpocznij podgrzewanie bulionu w porcjach po ½ szklanki i od czasu do czasu mieszaj. Kontynuuj ten proces, aż ryż wchłonie bulion i osiągnie konsystencję al dente. Mieszanka powinna być lekko lepka.

w) Dodać starty ser i świeżą spirulinę, dobrze wymieszać. Dopraw mieszaninę solą i pieprzem do smaku. Pozwól mu całkowicie ostygnąć.

x) Z czubatych łyżek mieszanki na risotto formuj kulki, oprósz je mąką, zanurz w ubitych jajkach, a następnie obtocz w bułce tartej.

y) Lekko płytko smaż kulki, aż bułka tarta stanie się złotobrązowa.

z) Kulki przekładamy na blachę wyłożoną pergaminem do pieczenia i pieczemy kolejne 20 minut.

DANIE GŁÓWNE

23.Kotlet mielony Portobello ze słodkim sosem balsamicznym

SKŁADNIKI:
DO „PIECZONYCH" GRZYBÓW I PIEPRZKI:
- 9 uncji grzybów portobello
- 3 czerwone papryki
- 3 łyżki soku z cytryny
- 1/4 szklanki oliwy z oliwek
- 4 ząbki czosnku, posiekane
- 1/2 łyżeczki soli

PIECZEŃ MIĘSNA:
- 1 szklanka orzechów włoskich, namoczonych
- 1 szklanka migdałów, namoczonych
- 1/2 cebuli
- 1 łyżka tamari
- 3 łyżki oliwy z oliwek
- 2 łyżki tymianku
- 2 łyżeczki szałwii
- 1 łyżka mieszanki ziół (połączenie tymianku, majeranku, pietruszki, oregano, szałwii i bazylii)

SOS POMIDOROWY:
- 6 uncji pomidorków koktajlowych
- 1/2 czerwonej papryki, oczyszczona z nasion i posiekana
- 1/4 czerwonej cebuli (połowa posiekana, połowa pokrojona w cienkie plasterki)
- 1 łyżka oliwy z oliwek
- 1 łyżka octu balsamicznego
- 1 ząbek czosnku, obrany
- 1/4 łyżeczki czarnego pieprzu, mielonego
- 1/2 łyżki nasion kopru włoskiego, zmielonych
- 2 łyżeczki proszku cebulowego
- 1/2 łyżeczki soli
- 2 łyżeczki papryki (odmiana słodka, nie ostra)

INSTRUKCJE:

DO „PIECZONYCH" GRZYBÓW I PIEPRZKI:

a) Grzyby pokroić w plastry o grubości około 1 cm, a paprykę w paski o grubości około 1/2 cm.

b) W misce wymieszaj sok z cytryny, oliwę z oliwek, posiekany czosnek i sól. Dodać pokrojone w plasterki pieczarki i paprykę, dobrze wymieszać.

c) Umieść grzyby i paprykę na nieprzywierającej płycie suszarki, susz przez 3 godziny w temperaturze 115°F.

PIECZEŃ MIĘSNA:

d) Wszystkie składniki klopsów zmiel w robocie kuchennym, aż dokładnie się wymieszają.

e) Dodaj suszone grzyby i paprykę, przerób ponownie, pozostawiając kawałki.

f) Wyjmij z robota kuchennego i uformuj 2 bochenki o wysokości około 2 cm i szerokości 4 cm.

g) Suszyć przez 12 godzin w temperaturze 115°F z sosem pomidorowym (patrz poniżej).

SOS POMIDOROWY:

h) Wszystkie składniki sosu umieścić w wysokoobrotowym blenderze, zmiksować na gładką masę.

i) Włóż sos do dużej miski, aby uzyskać większą powierzchnię, co pomoże w szybszej redukcji.

j) Umieść miskę w suszarce w temperaturze 115°F na 12 godzin, mieszając od czasu do czasu, aż masa zredukuje się o połowę i stanie się gęsta.

k) Rozłóż równą warstwę sosu na wierzchu klopsa, który w tym momencie jest już prawie suchy.

l) Suszyć w temperaturze 115°F przez dodatkowe 2 godziny.

m) Podawać na ciepło z suszarki.

24.Paszteciki Portobello

SKŁADNIKI:
- 1 funt mielonej wołowiny (lub chudej mielonej jagnięciny)
- 6 łyżek drobno posiekanego świeżego rozmarynu, podzielone
- 1 łyżka oliwy z oliwek
- 1/2 żółtej cebuli, posiekanej
- 2 łyżki masła
- 1 czubata łyżka mąki
- 8 uncji bulionu wołowego
- Sól i świeżo zmielony czarny pieprz
- 5 lub 6 dużych kapeluszy pieczarek portobello (zaokrąglonych w kształcie misek, nie płaskich)

BYCZY:
- 2 duże rdzawe ziemniaki do pieczenia, obrane i pokrojone na duże kawałki
- 2 łyżki masła
- 1/2 szklanki pełnego mleka
- Sól i pieprz do smaku

INSTRUKCJE:

a) Ustaw piekarnik na 375°F.

b) Ziemniaki włóż do garnka z wodą i zagotuj. Gotuj, aż ziemniaki będą miękkie.

c) Odcedź ziemniaki i rozgnieć je z masłem i mlekiem, aż będą gładkie i kremowe. W razie potrzeby dostosuj konsystencję dodając więcej mleka. Dopraw solą i pieprzem do smaku. Jeśli to możliwe, używaj ubijaków elektrycznych. Przykryj i odłóż na bok.

d) Podsmaż mieloną wołowinę (lub jagnięcinę) i 2 łyżki rozmarynu na patelni, rozbijając mięso na drobną kruszonkę podczas smażenia. Wyjąć na talerz.

e) Dodaj cebulę na patelnię i smaż na średnim ogniu, aż zacznie się rumienić. Jeśli patelnia jest zbyt sucha, dodaj odrobinę oliwy z oliwek. Cebulę zdjąć na talerz z mięsem.

f) Na patelnię dodaj 2 łyżki masła i poczekaj, aż się rozpuści. Dodaj mąkę, smaż przez kilka minut, aż uzyska ładny brązowy kolor. Podczas mieszania zgarnij wszystkie kawałki z dna patelni.

g) Do garnka wlać bulion wołowy, energicznie wymieszać, aż wszystko się połączy i smażyć, aż zgęstnieje.

h) Dodaj wołowinę i cebulę z powrotem na patelnię, przed dodaniem odsącz ją z nadmiaru tłuszczu. Posmakuj i dopraw do smaku.

i) Odkurz grzyby i usuń łodygi. Łyżką ostrożnie wyskrobujemy skrzela, tworząc miejsce na mięso.

j) Jeśli grzyby są bardzo duże, połóż je na suchej blasze do pieczenia i piecz w piekarniku przez około 10 minut. Następnie napełnij każdy grzyb masą mięsną.

k) Na każdy grzyb posyp dużą ilością puree ziemniaczanego i piecz przez około 15-20 minut, aż wszystko będzie gorące i musujące.

l) Podawać natychmiast z dużą ilością świeżego rozmarynu i dodatkiem gotowanego groszku. Cieszyć się!

25.Steki Portobello z grilla

SKŁADNIKI:

- 4 duże kapelusze grzybów Portobello
- Sos barbecue
- ½ łyżeczki soli
- ¼ łyżeczki świeżo zmielonego pieprzu

INSTRUKCJE:

a) Przygotuj grilla.

b) Wytrzyj czapki grzybów ręcznikiem papierowym; Posmaruj każdą czapkę 1 sosem Barbecue i posyp solą i pieprzem.

c) Ułóż grzyby, główką do dołu, na grillu; namiot z folią. Grilluj 3 do 5 minut na średnio-niskich węglach. Usuń folię; Posmaruj każdego grzyba 1 łyżką sosu. Obróć grzyby i posmaruj kolejną 1 łyżką sosu.

d) Grilluj jeszcze przez 3 do 5 minut, aż mięso będzie miękkie po nakłuciu widelcem. Podawać z pozostałym sosem barbecue, podgrzać według uznania. Na: 4 porcje.

26.Kurczak Madera Z Portobello

SKŁADNIKI:

- 4 duże połówki piersi kurczaka bez kości
- 8 uncji Portobello; grubo pokrojone
- 1 Mąkę o wszechstronnym przeznaczeniu
- 2 łyżki masła
- 2 łyżki oliwy z oliwek
- Sól i świeżo zmielony pieprz do smaku
- 1 łyżka świeżej włoskiej pietruszki lub bazylii; mielony
- Sprężyny świeżej włoskiej pietruszki lub bazylii
- ½ szklanki wytrawnego wina Madera
- ½ szklanki bulionu z kurczaka

INSTRUKCJE:

a) Umieszczaj piersi z kurczaka pojedynczo pomiędzy 2 arkuszami woskowanego papieru. Kawałki kurczaka ułożyć stroną, z której zdjęto skórę do dołu, na woskowanym papierze i delikatnie spłaszczyć młotkiem.

b) Spłaszczyć je na grubość około ¼ cala. Tłuczenie kurczaka ma dwa cele; 1) powiększyć pierś i co najważniejsze 2) wyrównać jej grubość, aby czas gotowania był jednakowy.

c) Połącz mąkę, sól i pieprz na czystym kawałku woskowanego papieru. Każdą pierś z kurczaka posyp przyprawioną mąką; podnieś za jeden koniec i delikatnie strząśnij nadmiar mąki. Połóż każdy posypany pyłem kawałek kurczaka na innym kawałku woskowanego papieru i nie pozwól, aby nachodziły na siebie.

d) Rozpuść 2 łyżeczki masła i 2 łyżeczki oliwy z oliwek na dużej, głębokiej patelni z powłoką nieprzywierającą. Gdy masło i olej będą gorące (bulgotają), dodaj grzyby. Smażyć na dużym ogniu, aż grzyby lekko się zarumienią i zmiękną, a cały płyn odparuje. Zdejmij grzyby z patelni i odłóż na bok.

e) Pieczarki dopraw solą, pieprzem i natką pietruszki lub bazylią. Ponownie postaw patelnię na średnim ogniu. Dodać resztę masła i oliwę. Dodaj kurczaka na patelnię, smażąc najpierw stronę na biurku.

f) Smaż piersi z kurczaka po 2-3 minuty z każdej strony. Nie rozgotowuj. Przełożyć kurczaka na duży talerz i przykryć folią. LUB

Możesz także trzymać ugotowane piersi z kurczaka w ciepłym piekarniku (150-200 stopni) na dużym talerzu.

g) Gdy wszystkie piersi z kurczaka się usmażą, odlej nadmiar tłuszczu z patelni, zostawiając na patelni jedynie kilka kropli. Wlać wino i bulion z kurczaka i na średnim ogniu zeskrobać dno patelni, luzując wszystkie przylegające do dna cząstki i rozpuszczając je w cieczy. LUB Możesz zdeglasować patelnię w bardziej tradycyjny sposób. Dodaj wino na patelnię i smaż na dużym ogniu, aż objętość zmniejszy się o połowę, około 2 do 3 minut.

h) Dodaj bulion z kurczaka i smaż na dużym ogniu, aż objętość zmniejszy się o połowę, około 1 minuty.

i) Umieść portobellos z powrotem na patelni. Posmakuj i w razie potrzeby dopraw przyprawami. Połóż łyżkę sosu na kurczaku. Podawać.

j) Podawaj kurczaka na talerzu udekorowanym świeżymi gałązkami włoskiej pietruszki lub bazylii, w zależności od tego, jakie zioła wybierzesz do dania.

27.Smażone na powietrzu wegańskie steki z grzybów

SKŁADNIKI:

- 4 grzyby portobello, oczyszczone i usunięte łodygi
- Szczypta soli do smaku
- 3 łyżki oliwy z oliwek
- 2 łyżeczki sosu sojowego tamari
- 1 łyżeczka przecieru czosnkowego

INSTRUKCJE:

a) Rozgrzej frytkownicę powietrzną do 350F/180C.
b) W misce wymieszaj sos sojowy tamari, oliwę z oliwek, puree czosnkowe i sól.
c) Dodać do grzybów i wymieszać.
d) Smaż grzyby w koszyku frytkownicy przez 10 minut .

28.Bakłażan I Portobello Lasagne

SKŁADNIKI:

- 1 funt pomidorów śliwkowych; ćwiartowane
- 1 ½ szklanki grubo posiekanej bulwy kopru włoskiego
- 1 łyżka oliwy z oliwek
- Nieprzywierający spray na bazie oleju roślinnego
- 4 duże japońskie bakłażany; przycięte, przecięte wzdłuż
- Plasterki o grubości ⅓ cala
- 3 średnie grzyby Portobello; łodygi przycięte; czapki pokrojone
- 1 łyżka octu ryżowego
- 3 szklanki liści szpinaku; spłukany
- 4 Cienkie plasterki niskotłuszczowego sera mozzarella
- 2 Pieczona czerwona papryka ze słoika; odcedzić, pokroić w paski
- 8 dużych liści bazylii

INSTRUKCJE:

a) Rozgrzej piekarnik do 400°F. Ułóż pomidory i koper włoski w szklanym naczyniu do pieczenia o wymiarach 13x9x2 cali. Skrop olejem; wrzucić do wymieszania. Piec, aż koper włoski będzie miękki i zacznie brązowieć, około 45 minut. Fajny.

b) Spryskaj 2 nieprzywierające blachy do pieczenia sprayem z oleju roślinnego. Na przygotowanych arkuszach ułóż plastry bakłażana i grzybów. Piecz do miękkości warzyw, około 30 minut w przypadku plasterków bakłażana i 40 minut w przypadku grzybów. Zmiksuj mieszankę pomidorową w robocie kuchennym. Przełożyć na sitko ustawione nad miską. Naciśnij ciała stałe, aby wydobyć płyn; wyrzucić ciała stałe. Ocet wymieszać z płynem. Dopraw winegret solą i pieprzem.

c) Mieszaj szpinak na dużej patelni z powłoką nieprzywierającą na średnim ogniu, aż zwiędnie, około 1 minuty. Zdjąć z ognia.

d) Rozgrzej piekarnik do 350°F. Spryskaj cztery naczynia z kremem o pojemności 1¼ szklanki sprayem z oleju roślinnego. Każde danie wyłóż 2 plasterkami bakłażana ułożonymi na krzyż.

e) Posypać solą i pieprzem. Na każdym połóż ¼ szpinaku. Na każdym ułóż 1 plasterek mozzarelli. Ułóż paski papryki, następnie bazylię i grzyby.

f) Na wierzchu ułóż pozostałe plasterki bakłażana, pokrój je tak, aby pasowały. Posypać solą i pieprzem. Każde naczynie przykryj folią.

g) Piec lasagne, aż będzie bardzo miękka, około 25 minut. Usuń folię. Za pomocą małego noża nacinaj warzywa, aby je poluzować. Przełożyć na talerze.

h) Polać łyżką winegretu.

29.Pieczone Portobellos Rom esco

SKŁADNIKI:
- 6 uncji grzybów Portobello
- ½ funta spaghetti
- Sól i pieprz
- ½ szklanki ulubionego bulionu
- 1 szklanka posiekanej cebuli
- 1 szklanka posiekanej czerwonej papryki lub bakłażana lub ½ szklanki każdy
- 1 ząbek czosnku, posiekany
- 2 łyżki świeżej, posiekanej natki pietruszki
- 1 puszka (16 uncji) sosu pomidorowego
- 1 łyżeczka wegetariańskiego sosu Worcestershire
- ½ łyżeczki suszonego oregano
- ¼ szklanki startego, beztłuszczowego parmezanu

INSTRUKCJE:
a) Rozgrzej piekarnik do grillowania. Zagotuj duży garnek wody. Pieczarki oczyść, dopraw solą i pieprzem i smaż z obu stron przez kilka minut.

b) W międzyczasie ugotuj makaron we wrzącej wodzie, aż będzie al dente. Pieczarki pokroić w długie paski o szerokości około ½. Odcedzić makaron, umieścić w naczyniu żaroodpornym lekko spryskanym Pam i posypać grzybami. Zmniejsz temperaturę piekarnika do 350 stopni Fahrenheita.

c) Na patelni zagotuj bulion.

d) Podsmaż cebulę, czosnek, pietruszkę i paprykę/bakłażana w bulionie przez około pięć minut. Dodaj sos pomidorowy, sos Worcestershire i oregano i gotuj jeszcze dwie minuty. Polać makaronem i grzybami. Posypać serem.

e) Przykryć i piec około 30 minut.

30.Makaron Szpinakowo-Grzybowy

SKŁADNIKI:

- 3 łyżki oliwy z oliwek z pierwszego tłoczenia
- ½ szklanki pokrojonej w cienkie plasterki szalotki lub czerwonej cebuli
- Sól koszerna
- 10 uncji białych pieczarek, pokrojonych w grube kawałki
- 8 uncji kapeluszy grzybów portobello, pokrojonych w plasterki
- 2 ząbki czosnku, drobno posiekane
- ½ łyżeczki pokruszonego czerwonego chili
- Świeżo zmielony czarny pieprz do smaku
- 8 uncji suszonego makaronu pappardelle lub fettuccine
- ¼ szklanki różowego lub wytrawnego białego wina
- 3 łyżki masła
- ¼ szklanki startego parmezanu
- 5 uncji liści szpinaku baby

INSTRUKCJE:

a) Zagotuj w dużym garnku osoloną wodę.

b) Umieść dużą (12-calową) patelnię na średnim ogniu. Dodaj oliwę z oliwek i szalotkę na patelnię wraz z ½ łyżeczki soli koszernej. Gotuj, aż szalotka zmięknie, często mieszając, około 5 minut.

c) Na patelnię włóż grzyby w jednej warstwie. Gotuj bez przeszkadzania przez 5 minut, następnie posyp ½ łyżeczki soli i wymieszaj z szalotką. Dodaj czosnek, chili i czarny pieprz i kontynuuj gotowanie przez kolejne 5 minut lub do momentu, aż zmiękną i puszczą sok.

d) W czasie gdy grzyby się gotują, do wrzącej wody wrzucamy makaron i gotujemy zgodnie z instrukcją na opakowaniu. Odpływ.

e) Zwiększ ogień pod grzybami do średniego i wlej wino. Pozwól mu zabulgotać i gotuj przez 2 minuty. Mieszaj masło, aż się rozpuści.

f) Zdejmij patelnię z ognia i dodaj ¼ szklanki sera i szpinaku. Mieszaj, aż liście zwiędną.

g) Na patelnię wrzucamy ugotowany makaron i delikatnie mieszamy z sosem. Podawać w miseczkach z dodatkowym serem posypanym na makaronie. Nalej kieliszek wina i ciesz się!

31.Lasagne z kurczakiem Marsala

SKŁADNIKI:

- 12 makaronów lasagne
- 4 łyżeczki przyprawy włoskiej, podzielone
- 1 łyżeczka soli
- ¾ funta piersi z kurczaka bez kości, bez skóry, pokrojonych w kostkę
- 1 łyżka oliwy z oliwek
- ¼ szklanki drobno posiekanej cebuli
- ½ szklanki masła, pokrojonego w kostkę
- ½ funta pokrojonych w plasterki małych grzybów portobello
- 12 ząbków czosnku, posiekanych
- 1 ½ szklanki bulionu wołowego
- ¾ szklanki wina Marsala, podzielone
- ¼ łyżeczki grubo mielonego pieprzu
- 3 łyżki skrobi kukurydzianej
- ½ szklanki drobno posiekanej, w pełni ugotowanej szynki
- 1 karton (15 uncji) sera ricotta
- 10-uncjowe opakowanie mrożonego, posiekanego szpinaku, rozmrożonego i wysuszonego
- 2 szklanki posiekanej mieszanki serów włoskich
- 1 szklanka startego parmezanu, podzielona
- 2 duże jajka, lekko ubite

INSTRUKCJE:

a) Ugotuj makaron zgodnie z instrukcją na opakowaniu; odpływ. W międzyczasie wymieszaj 2 łyżeczki przyprawy włoskiej i sól; posypać piersi z kurczaka. Na dużej patelni rozgrzej olej na średnim ogniu. Dodaj kurczaka; smaż, aż przestanie być różowe. Wyjmij i trzymaj w cieple.

b) Na tej samej patelni smaż cebulę na maśle na średnim ogniu przez 2 minuty. Wymieszaj grzyby; gotować do miękkości, 4-5 minut dłużej. Dodaj czosnek; gotować i mieszać przez 2 minuty.

c) Dodaj bulion, ½ szklanki wina i pieprz; doprowadzić do wrzenia. Wymieszaj skrobię kukurydzianą i pozostałe wino, aż będą gładkie; wmieszać na patelnię. Doprowadzić do wrzenia; gotować i mieszać, aż zgęstnieje, około 2 minut. Wymieszaj szynkę i kurczaka.

d) Rozgrzej piekarnik do 350°. Połącz ser ricotta, szpinak, mieszankę serów włoskich, ¾ szklanki parmezanu, jajka i pozostałą włoską przyprawę. Rozłóż 1 szklankę mieszanki kurczaka na natłuszczonej formie o wymiarach 13 x 9 cali. naczynie do pieczenia. Ułóż warstwę 3 makaronów, około ¾ szklanki mieszanki kurczaka i około 1 szklanki mieszanki ricotty. Powtórz warstwy 3 razy.

e) Piec pod przykryciem 40 minut. Posypać pozostałym parmezanem. Piec bez przykrycia, aż zapiekanka się zarumieni, a ser roztopi, około 10-15 minut. Przed krojeniem odstaw na 10 minut.

32.Klopsiki z Dzikich Grzybów

SKŁADNIKI:
- 2 łyżeczki oliwy z oliwek
- 1 Żółta cebula, drobno posiekana
- 2 szalotki, obrane i posiekane
- ⅛ łyżeczki soli
- 1 szklanka suszonych grzybów shiitake
- 2 kubki Grzyby Portobello
- 1 opakowanie Tofu
- ⅓ szklanki prażonych kiełków pszenicy
- ⅓ szklanki panko
- 2 łyżki lekkiego sosu sojowego
- 1 łyżeczka Płynny aromat dymu
- ½ łyżeczki czosnku granulowanego
- ¾ szklanki szybkich płatków owsianych

INSTRUKCJE:
a) Cebulę, szalotkę i sól podsmaż na oliwie z oliwek przez około 5 minut.

b) Wydrąż zmiękczone grzyby shiitake i zmiel je w robocie kuchennym ze świeżymi grzybami. Dodać do cebuli.

c) Gotuj przez 10 minut, od czasu do czasu mieszając, aby zapobiec przywieraniu.

d) Wymieszaj grzyby z puree z tofu, dodaj pozostałe składniki i dobrze wymieszaj.

e) Zwilż ręce, aby zapobiec sklejaniu się i uformuj klopsiki.

f) Piec 25 minut, obracając raz po 15 minutach.

33.Risotto z karczochami i Portobello

SKŁADNIKI:

- 2 karczochy kuliste
- 2 łyżki masła roślinnego
- 1 Cytryna
- 2 łyżki oliwy z oliwek
- 1 grzyb Portobello
- 2 ½ szklanki wywaru warzywnego
- 1 cebula; mielony
- 1 szklanka wytrawnego białego wina
- 2 ząbki czosnku; mielony
- Sól i pieprz; do smaku
- 1 szklanka ryżu Arborio
- 1 łyżka natki pietruszki; mielony

INSTRUKCJE:

a) Wyciśnij sok z ½ cytryny do miski i dodaj tyle wody, aby przykryła karczochy .

b) Pieczarkę pokroić na ćwiartki.

c) Grzyby pokroić w bardzo cienkie plasterki.

d) Dodaj zarezerwowane karczochy, pokrojone w plasterki grzyby i pietruszkę.

e) Kuchenka mikrofalowa .

34.Enchilady z grzybami Portobello

SKŁADNIKI:
- 2 łyżki oliwy z oliwek
- 4 grzyby portobello pokrojone w plasterki
- 1 cebula, posiekana
- 2 ząbki czosnku, posiekane
- 1 puszka (15 uncji) czarnej fasoli, odsączona i przepłukana
- 1 łyżeczka mielonego kminku
- Sól i pieprz do smaku
- 8-10 tortilli kukurydzianych
- 1 ½ szklanki startego sera Monterey Jack
- 1 puszka (15 uncji) sosu enchilada

INSTRUKCJE:

a) Rozgrzej piekarnik do 350°F.

b) Na dużej patelni rozgrzej oliwę z oliwek na średnim ogniu.

c) Dodaj pokrojone grzyby portobello na patelnię i smaż, aż będą miękkie i rumiane, około 5-7 minut.

d) Dodaj posiekaną cebulę i czosnek na patelnię i smaż, aż zacznie wydzielać zapach, około 2-3 minuty.

e) Dodaj czarną fasolę, kminek, sól i pieprz na patelnię i mieszaj, aż dobrze się połączą.

f) Podgrzej tortille kukurydziane w kuchence mikrofalowej lub na patelni, aż będą miękkie i giętkie.

g) Wlej niewielką ilość sosu enchilada na dno naczynia do pieczenia o wymiarach 9 x 13 cali.

h) Na każdą tortillę nałóż dużą łyżkę mieszanki grzybów i czarnej fasoli i mocno zwiń.

i) Zwinięte w rulon tortille ułożyć łączeniem do dołu w naczyniu do pieczenia.

j) Polać pozostałym sosem enchilada na wierzch enchilad.

k) Posyp startym serem Monterey Jack wierzch enchilad.

l) Piec w nagrzanym piekarniku przez 20-25 minut lub do momentu, aż ser się roztopi i zacznie bulgotać.

m) Udekoruj świeżą kolendrą i podawaj na gorąco.

35.Gnocchi Z Semoliny Z Pieczarkami Portobello

SKŁADNIKI:
- 1 szklanka gnocchi z semoliny
- 2 grzyby Portobello, pokrojone w plasterki
- 1 pomidor, pokrojony w kostkę
- Oliwa z oliwek do smażenia
- Sól i pieprz do smaku

INSTRUKCJE:
a) Ugotuj gnocchi z semoliny zgodnie z instrukcją na opakowaniu aż wypłyną na powierzchnię. Odcedź i odłóż na bok.

b) Rozgrzej oliwę z oliwek na patelni na średnim ogniu.

c) Na patelnię dodaj pokrojone w plasterki pieczarki Portobello i pokrojony w kostkę pomidor. Gotuj, aż grzyby będą miękkie, a pomidor puści sok.

d) Dodaj ugotowane gnocchi na patelnię i smaż, aż uzyskasz złoty kolor i chrupkość.

e) Dopraw solą i pieprzem do smaku.

f) Podawać.

36.Tacos Z Microgreens i Kozim Serem

SKŁADNIKI:

- 4 kapelusze grzybów portobello, usunięte łodygi
- 1 papryczka chipotle w sosie adobo
- 2 papryczki poblano
- 2 czerwone papryki
- 2 łyżki oliwy z oliwek
- 2 łyżeczki soli koszernej
- 4 uncje koziego sera
- 1 limonka, wyciśnięta sok
- 10 4-calowych tortilli kukurydzianych , opiekanych

UZDRAWIANIE :

- Pikantne mikrogreeny
- Dodatkowe kliny limonkowe
- Posiekana kolendra
- Fresk Queso

INSTRUKCJE:

a)   Rozgrzej grill do temperatury około 500-600 stopni.

b)   Wymieszaj czerwoną paprykę, paprykę poblano i kapelusze grzybów z solą i oliwą.

c)   Grilluj warzywa przez 8 minut .

d)   Odstaw do ostygnięcia.

e)   Gdy warzywa ostygną, pokrój je w cienkie paski, usuwając wierzchołki papryki i nasiona.

f)   W robocie kuchennym zmiksuj kozi ser, paprykę chipotle i sok z limonki podczas grillowania warzyw.

g)   Ułóż grillowane warzywa na tortillach, posyp mikrogreenami i skrop pastą z koziego sera.

h)   Podawać z cząstkami limonki.

37.Ravioli z korzeniem selera z nadzieniem selerowo-grzybowym

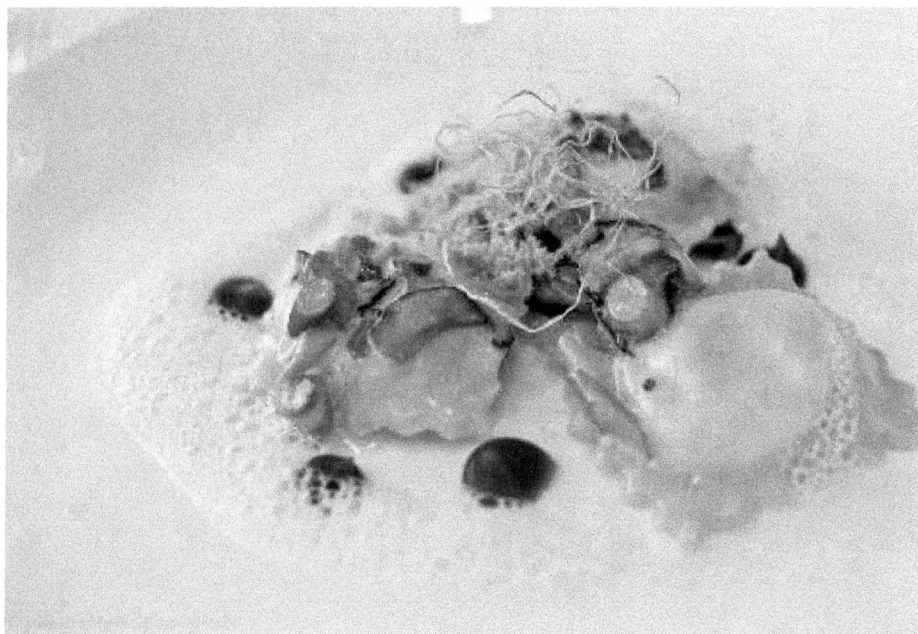

SKŁADNIKI:
- ½ szklanki pokrojonej w kostkę marchewki
- ½ szklanki pokrojonego w kostkę selera
- ½ szklanki pokrojonej w kostkę hiszpańskiej cebuli
- 6 łyżek oliwy z oliwek
- 2 korzenie selera; obrane
- 3 grzyby Portobello
- Sól i pieprz
- 1 szklanka czosnku
- 1 gałązka rozmarynu
- 1 seler naciowy; pokrojone w kostkę
- 1 łyżka pokrojonej w kostkę szalotki
- 2 łyżki posiekanych świeżych ziół (np. natki pietruszki, szczypiorku)
- 2 szklanki liści pietruszki płaskolistnej
- 1 Przepis Redukcja czerwonego wina; następujący przepis

INSTRUKCJE:

a) W średnim rondlu karmelizuj marchewkę, seler i cebulę na 2 łyżeczkach oliwy z oliwek.

b) Dodaj korzeń selera, zalej wodą do trzech czwartych wysokości i przykryj patelnię. Powoli dusić przez 45 do 60 minut lub do miękkości.

c) Wyjmij korzeń selera z płynu do duszenia i całkowicie ostudź. Zarezerwuj płyn do duszenia. Przytnij korzeń selera na płasko i pokrój papier na cienkie plasterki. Oczyść grzyby Portobello, usuwając łodygi i ciemnobrązowy spód.

d) Pokrój na ćwiartki, dopraw solą i pieprzem i skrop 2 łyżkami oliwy z oliwek. Umieścić w żaroodpornym naczyniu z czosnkiem i rozmarynem i przykryć folią aluminiową.

e) Piec w temperaturze 350 stopni przez 30 do 40 minut lub do miękkości. Na średniej patelni podsmaż pokrojony w kostkę seler i szalotkę na 1 łyżce oliwy z oliwek. Pieczone pieczarki pokroić w kostkę i wymieszać z mieszanką selera i ziołami.

f) Na patelni podsmaż włoską natkę pietruszki w 1 łyżeczce oliwy z oliwek i 1 łyżce płynu do duszenia.

g) Połóż plasterki korzenia selera na blasze z odrobiną płynu do duszenia, dopraw solą i pieprzem i piecz w temperaturze 350 stopni przez 3 do 4 minut, aby ponownie się rozgrzać. Połóż 1 plasterek korzenia selera na talerzu i posyp mieszanką grzybów i selera.

h) Na wierzchu ułóż kawałek natki pietruszki i przykryj drugim kawałkiem korzenia selera. Dociśnij krawędzie korzenia selera do siebie i w każdym rogu umieść małe szczypty duszonej włoskiej pietruszki.

i) Skropić krawędzie każdego talerza redukcją czerwonego wina.

38.Gnocchi z Kasztanów I Słodkich Ziemniaków

SKŁADNIKI:
GNOCCHI
- 1 + ½ szklanki pieczonych słodkich ziemniaków
- ½ szklanki mąki kasztanowej
- ½ szklanki ricotty z pełnego mleka
- 2 łyżeczki soli koszernej
- ½ szklanki mąki bezglutenowej
- Biały pieprz do smaku
- Wędzona papryka do smaku

Ragu z grzybami i kasztanami
- 1 szklanka pieczarek, pokrojona na 4 części
- 2-3 grzyby portobello pokrojone w cienkie paski
- 1 taca grzybów shimeji (białych lub brązowych)
- ⅓ szklanki kasztanów pokrojonych w kostkę
- 2 łyżki masła
- 2 szalotki, drobno posiekane
- 2 ząbki czosnku, drobno posiekane
- 1 łyżeczka koncentratu pomidorowego
- Wino białe (do smaku)
- Sól koszerna (do smaku)
- 2 łyżki świeżej szałwii, drobno posiekanej
- Pietruszka do smaku

SKOŃCZYĆ
- 2 łyżki oliwy z oliwek
- Parmezan (do smaku)

INSTRUKCJE:
GNOCCHI
a) Rozgrzej piekarnik do 380 stopni.
b) Nakłuj całe słodkie ziemniaki widelcem.
c) Połóż słodkie ziemniaki na blasze do pieczenia z brzegiem i piecz przez około 30 minut lub do miękkości. Niech lekko ostygnie.
d) Obierz słodkie ziemniaki i przenieś je do robota kuchennego. Puree aż będzie gładkie.
e) W dużej misce wymieszaj suche składniki (mąkę kasztanową, sól, mąkę bezglutenową, biały pieprz i wędzoną paprykę) i odłóż je na bok.

f) Przełóż puree ze słodkich ziemniaków do dużej miski. Dodajemy ricottę i ¾ suszonej mieszanki. Przenieś ciasto na obficie posypaną mąką powierzchnię roboczą i delikatnie ugniataj, dodając więcej mąki, aż ciasto się połączy, ale nadal będzie bardzo miękkie.

g) Podziel ciasto na 6-8 części i zwiń każdy kawałek w rulon o grubości 1 cala.

h) Potnij liny na kawałki o długości 1 cala i posyp każdy kawałek mąką bezglutenową.

i) Rozwałkuj każdy gnocchi na zębach oprószonego mąką widelca, tworząc małe wgłębienia.

j) Trzymaj go na tacy w lodówce, aż będziesz gotowy do użycia.

Ragu z grzybami i kasztanami

k) Na gorącej patelni rozpuść masło i dodaj szczyptę soli.

l) Dodaj szalotkę, czosnek i szałwię i smaż przez 10 minut, aż szalotka będzie przezroczysta.

m) Dodajemy wszystkie grzyby i smażymy na dużym ogniu, ciągle mieszając.

n) Dodaj koncentrat pomidorowy i białe wino i poczekaj, aż grzyby będą miękkie i delikatne.

o) Posyp ragu świeżą posiekaną natką pietruszki i pokrojonymi w kostkę kasztanami. Odłożyć na bok.

SKOŃCZYĆ

p) Zagotuj w dużym garnku osoloną wodę. Dodaj gnocchi ze słodkich ziemniaków i gotuj, aż wypłyną na powierzchnię, około 3-4 minuty.

q) Za pomocą łyżki cedzakowej przenieś gnocchi na duży talerz. Powtórz z pozostałymi gnocchi.

r) Na dużej patelni rozpuść 2 łyżki oliwy z oliwek.

s) Dodać gnocchi, delikatnie mieszając, aż gnocchi się skarmelizują.

t) Dodaj grzyby Ragu i kilka łyżek wody do gnocchi.

u) Delikatnie wymieszaj i gotuj przez 2-3 minuty na dużym ogniu.

v) Podawać posypane na wierzchu posypką parmezanu.

39.Suszone Pomidory I Feta Portobellos

SKŁADNIKI:

- 4 duże pieczarki Portobello
- ½ szklanki pokruszonego sera feta
- ¼ szklanki posiekanych suszonych pomidorów
- ¼ szklanki posiekanej świeżej pietruszki
- 1 ząbek czosnku, posiekany
- ¼ szklanki bułki tartej
- Sól i pieprz do smaku

INSTRUKCJE:

a) Rozgrzej piekarnik do 375°F.

b) Oczyść grzyby Portobello i usuń łodygi.

c) W misce wymieszaj pokruszony ser feta, posiekane suszone pomidory, posiekaną świeżą pietruszkę, przeciśnięty przez praskę czosnek, bułkę tartą, sól i pieprz.

d) Powstałą mieszanką nafaszeruj każdego grzyba.

e) Na blasze do pieczenia ułóż faszerowane grzyby.

f) Piec 20-25 minut lub do momentu, aż grzyby będą miękkie, a ser się roztopi.

g) Podawać na gorąco.

40.Grzybowe Tacos Z Kremem Chipotle

SKŁADNIKI:
- 1 średnia czerwona cebula, pokrojona w cienkie plasterki
- 1 duże grzyby portobello, pokrojone w kostkę o grubości ½ cala
- 6 ząbków czosnku, posiekanych
- Sól morska do smaku
- 12 6-calowych tortilli kukurydzianych
- 1 szklanka sosu śmietanowego chipotle
- 2 szklanki posiekanej sałaty rzymskiej
- ½ szklanki posiekanej świeżej kolendry

INSTRUKCJE:
a)   Rozgrzej dużą patelnię na średnim ogniu.
b)   Dodaj czerwoną cebulę i grzyby portobello i smaż, mieszając, przez 4 do 5 minut.
c)   Dodawaj wodę 1 do 2 łyżek stołowych na raz, aby zapobiec sklejaniu się cebuli i grzybów.
d)   Dodaj czosnek i smaż przez 1 minutę. Sezon z solą.
e)   Podczas gdy grzyby się gotują, dodaj 4 tortille na patelnię z powłoką nieprzywierającą i podgrzewaj je przez kilka minut, aż zmiękną.
f)   Odwróć je i podgrzewaj jeszcze przez 2 minuty. Usunąć

41.Risotto Pomidorowe & Grzyb Portobello

SKŁADNIKI:

- 1 funt Świeże pomidory; przekrojony na pół i posadzony
- Skropić oliwą z oliwek
- Sól
- Świeżo zmielony czarny pieprz
- 4 grzyby Portobello; wycięty i oczyszczony
- 1 funt sera wegańskiego; pokrojony
- 1 łyżka oliwy z oliwek
- 1 szklanka posiekanej cebuli
- 6 szklanek wody
- 1 łyżeczka posiekanego czosnku
- 1 funt ryżu Arborio
- 1 łyżka niesolonego masła roślinnego
- ¼ szklanki gęstej śmietanki roślinnej
- 3 łyżki posiekanej zielonej cebuli

INSTRUKCJE:

a) Rozgrzej grill do 400 stopni. W misce wymieszać pomidory z oliwą, solą i pieprzem. Połóż na grillu i smaż po 2–3 minuty z każdej strony. Zdejmij z grilla i odłóż na bok. Rozgrzej piekarnik do 400 stopni.

b) Umieść grzyby portobello na wyłożonej pergaminem blasze do pieczenia, zagłębieniem do góry. Skropić obie strony pieczarek oliwą z oliwek.

c) Doprawiamy z obu stron solą i pieprzem. Rozłóż jedną czwartą wegańskiego sera nad każdym wgłębieniem grzyba.

d) Włóż do piekarnika i piecz, aż grzyby będą miękkie, a ser zacznie musować, około 10 minut. Rozgrzej oliwę z oliwek na patelni do smażenia na umiarkowanym ogniu.

e) Dodaj cebulę. Doprawić solą i pieprzem. Smażyć, aż cebula będzie lekko miękka, około 3 minut.

f) Dodaj wodę i czosnek. Doprowadzić mieszaninę do wrzenia, zmniejszyć ogień do średniego i gotować na wolnym ogniu przez około 6 minut.

g) Dodaj ryż i gotuj na wolnym ogniu, ciągle mieszając, aż mieszanina będzie kremowa i musująca, około 18 minut. Wymieszaj masło roślinne, śmietanę roślinną, ser wegański i zieloną cebulę.

h) Dusić przez około 2 minuty, ciągle mieszając. Zdjąć z ognia i wymieszać z pomidorami. Przed podaniem pokrój każde portobello na ćwiartki. Nałóż risotto do każdego naczynia. Połóż 2 plasterki portobello na risotto.

i) Udekoruj pietruszką.

42.Gulasz Grzybowy

SKŁADNIKI:

- 1 łyżka oliwy z oliwek
- 1 duża żółta cebula, posiekana
- 3 ząbki czosnku, posiekane
- 1 duży rdzawy ziemniak, pokrojony w kostkę o średnicy 1/2 cala
- 4 duże grzyby Portobello, lekko opłukane, osuszone i pokrojone na 1-calowe kawałki
- 1 łyżka koncentratu pomidorowego
- 1/2 szklanki wytrawnego białego wina
- 11/2 łyżek słodkiej węgierskiej papryki
- 1 łyżeczka nasion kminku
- 11/2 szklanki świeżej lub konserwowej kiszonej kapusty, odsączonej
- 11/2 szklanki bulionu warzywnego, domowego (patrz Lekki bulion warzywny) lub kupnego, lub woda Sól i świeżo zmielony czarny pieprz
- 1/2 szklanki wegańskiej kwaśnej śmietany, domowej roboty (patrz Śmietana tofu) lub kupionej w sklepie

INSTRUKCJE:

a) W dużym rondlu rozgrzej olej na średnim ogniu. Dodać cebulę, czosnek i ziemniaki. Przykryj i gotuj, aż zmięknie, około 10 minut.

b) Dodaj grzyby i smaż bez przykrycia jeszcze 3 minuty. Dodać koncentrat pomidorowy, wino, paprykę, kminek i kapustę kiszoną. Dodać bulion i doprowadzić do wrzenia, następnie zmniejszyć ogień do małego i doprawić solą i pieprzem do smaku.

c) Przykryj i gotuj na wolnym ogniu, aż warzywa będą miękkie, a smak się rozwinie, około 30 minut.

d) Do małej miski wlej około 1 szklanki płynu. Dodajemy śmietanę, mieszamy do połączenia. Wmieszaj śmietanę z powrotem do rondla i spróbuj, w razie potrzeby dodając przyprawy.

e) Natychmiast podawaj.

43.Portobello zawijane w ciasto

SKŁADNIKI:

- 5 dużych grzybów Portobello, lekko opłukanych i osuszonych
- 2 łyżki oliwy z oliwek
- 1 średni pęczek zielonej cebuli, posiekanej
- 1/2 szklanki drobno posiekanych orzechów włoskich
- 1 łyżka sosu sojowego
- 1/2 szklanki suchej, niesezonowanej bułki tartej
- 1/2 łyżeczki suszonego tymianku
- Sól i świeżo zmielony czarny pieprz
- 1 arkusz mrożonego ciasta francuskiego, rozmrożonego

INSTRUKCJE:

a) Odetnij grzyby i zachowaj je. Ostrożnie zeskrob skrzela z grzybów i odłóż 4 kapelusze na bok. Pokrój piąty grzyb i zarezerwowane łodygi i odłóż na bok.

b) Na dużej patelni rozgrzej 1 łyżkę oleju na średnim ogniu. Dodaj posiekane grzyby, zieloną cebulę i orzechy włoskie i smaż, mieszając, przez 5 minut. Przełożyć do dużej miski i odstawić do ostygnięcia.

c) Na tej samej patelni rozgrzej pozostałą 1 łyżkę oleju. Dodaj zarezerwowane kapelusze grzybów i smaż, aż lekko zmiękną. Posyp sosem sojowym i gotuj, aż płyn odparuje. Odkładamy na papierowe ręczniki do ostygnięcia i odsączenia płynu.

d) Do ugotowanej mieszanki grzybowej dodaj bułkę tartą, tymianek oraz sól i pieprz do smaku. Dobrze wymieszaj, a następnie odstaw do całkowitego ostygnięcia. Rozgrzej piekarnik do 425°F.

e) Rozłóż arkusz ciasta francuskiego na lekko posypanej mąką powierzchni roboczej i pokrój go na ćwiartki. Rozwałkuj lekko każdy kawałek ciasta, aby uzyskać kwadrat o boku 5 cali.

f) Wyśrodkuj każdą czapkę grzyba na kwadracie ciasta, blaszką do góry. Do każdej czapki grzybowej wciśnij jedną czwartą farszu. Złóż ciasto na każdy grzyb, aby go zamknąć, lekko nachodząc na siebie. Dociśnij krawędzie do siebie, aby uszczelnić. Ułóż bułeczki łączeniem do dołu na blasze do pieczenia.

g) Małym nożem wytnij kilka małych otworów wentylacyjnych na wierzchu ciasta.

h) Piec, aż ciasto będzie złotobrązowe, około 12 minut.

i) Natychmiast podawaj.

44.Grzyby Portobello nadziewane ziemniakami i karczochami

SKŁADNIKI:

- 1 funt ziemniaków Yukon Gold, obranych i pokrojonych w 1/2-calową kostkę
- 1 łyżka wegańskiej margaryny
- 2 łyżki drożdży odżywczych
- Sól i świeżo zmielony czarny pieprz
- 11/2 szklanki konserwowych lub gotowanych mrożonych serc karczochów
- 2 łyżki oliwy z oliwek
- 1/2 szklanki posiekanej cebuli
- 3 ząbki czosnku, posiekane
- 1 łyżeczka posiekanego świeżego tymianku lub 1/2 łyżeczki suszonego
- 4 duże kapelusze grzybów Portobello, lekko opłukane i osuszone

INSTRUKCJE:

a) Ziemniaki gotuj na parze do miękkości, około 15 minut. Ugotowane na parze ziemniaki przełożyć do dużej miski. Dodać margarynę, drożdże odżywcze oraz sól i pieprz do smaku. Dobrze zetrzyj. Drobno posiekaj ugotowane lub konserwowe serca karczochów i dodaj je do ziemniaków. Mieszaj do połączenia i odłóż na bok.

b) Rozgrzej piekarnik do 375°F. Lekko naoliwij formę do pieczenia o wymiarach 9 x 13 cali i odłóż na bok. Na dużej patelni rozgrzej 1 łyżkę oleju na średnim ogniu. Dodaj cebulę, przykryj i smaż, aż zmięknie, około 5 minut.

c) Dodaj czosnek i smaż bez przykrycia jeszcze 1 minutę. Dodać tymianek oraz sól i pieprz do smaku. Gotuj przez 5 minut, aby wymieszać smaki.

d) Wmieszaj mieszaninę cebuli do mieszanki ziemniaków i mieszaj, aż dobrze się wymiesza.

e) Za pomocą krawędzi łyżeczki zeskrob i wyrzuć brązowe skrzela ze spodniej strony kapeluszy grzybów. Ostrożnie nałóż farsz na kapelusze grzybów, szczelnie je zaciskając i wygładzając wierzch.

f) Przełóż nadziewane grzyby do przygotowanej formy do pieczenia i skrop pozostałą 1 łyżką oleju.

g) Posypać papryką, szczelnie przykryć folią i piec aż grzyby zmiękną, a farsz będzie gorący, około 20 minut.

h) Odkryj i gotuj, aż farsz się lekko zarumieni, około 10 minut dłużej. Natychmiast podawaj.

45.Kiełbaski Wieprzowe Z Pieczarkami

SKŁADNIKI:
- 2 duże pieczarki Portobello
- 6 oz. kiełbaski wieprzowe
- ½ szklanki sosu marinara
- ½ szklanki sera ricotta z pełnego mleka
- ½ szklanki sera mozzarella z pełnego mleka, posiekanego
- ¼ szklanki posiekanej natki pietruszki

INSTRUKCJE:
a) Każdą pieczarkę nadziewamy kiełbasą wieprzową.
b) Na kiełbaski połóż ser ricotta i wytnij w środku wgłębienie.
c) Skropić sosem marinara ser ricotta.
d) Posyp wierzch serem mozzarella i włóż grzyby do garnka instant.
e) Zakręć pokrywkę, wybierz funkcję „ręczną" i gotuj przez 35 minut pod wysokim ciśnieniem.
f) „Naturalne uwolnienie" pary, a następnie zdejmij pokrywkę.
g) Natychmiast podawaj.

46.Dyniowy Farro Pilaw z Portobellos

SKŁADNIKI:
- 1 szklanka farro do szybkiego gotowania
- 1 szklanka dyni cukrowej, pokrojonej na kawałki o wielkości 1/2 cala
- 1 szklanka posiekanych grzybów portobello
- 1 średnia cebula
- 2 szklanki bulionu z kurczaka
- 3 ząbki posiekanego czosnku
- 1 łyżka oliwy z oliwek
- 1/2 łyżeczki kurkumy
- 1/4 łyżeczki wędzonej papryki
- parmezan
- sól i pieprz do smaku

INSTRUKCJE:
a) Na dużej patelni dodaj oliwę z oliwek i cebulę. Smażyć przez 5-7 minut na średnim ogniu, aż lekko się zarumieni i skarmelizuje
b) Oraz dynia, grzyby, wędzona papryka i czosnek. Kontynuuj smażenie przez 5 minut, aż grzyby zmiękną.
c) Dodaj farro, szałwię i 2 szklanki bulionu z kurczaka (bulion wegetariański, jeśli jest wegański). Gotuj na średnim ogniu przez 15 minut, aż płyn wsiąknie w farro. Wyłącz i przykryj pokrywką. Pozwól mu parzyć przez kolejne 10 minut.
d) Dopraw solą i pieprzem do smaku. Spulchnić widelcem, posypać parmezanem i większą ilością szałwii.

47.Grillowana Kiełbasa I Portobello

SKŁADNIKI:

- 2 funty pomidorów; o połowę
- 1 duży grzyb Portobello
- 1 łyżka oleju roślinnego
- 1 łyżeczka soli; podzielony
- 1 funt Słodkie włoskie kiełbaski
- 2 łyżki oliwy z oliwek
- 1 łyżeczka mielonego czosnku
- ¼ łyżeczki tymianku
- ¼ łyżeczki świeżo zmielonego pieprzu
- 1 funt Rigatoni

INSTRUKCJE:

a) Rozgrzej grilla

b) Posmaruj pomidory i grzyby olejem roślinnym i dopraw ½ łyżeczki soli. Grilluj na umiarkowanym ogniu do miękkości, 5 do 10 minut w przypadku pomidorów i 8 do 12 minut w przypadku grzybów, raz obracając. Grilluj kiełbaski 15 do 20 minut, raz obracając.

c) Pomidory pokroić w kostkę; segmentować kiełbasy i grzyby; Przejdź do dużego naczynia. Wymieszaj oliwę z oliwek, czosnek, pozostałą ½ łyżeczki soli, tymianek i pieprz.

d) Wymieszaj z gorącym rigatoni.

48.Portobello po florencku

SKŁADNIKI:

- 1 porcja grillowanych grzybów Portobello
- 2 szklanki różyczek kalafiora (z ½ średniej główki)
- ¼ szklanki bulionu warzywnego lub bulionu warzywnego o niskiej zawartości sodu
- 2 łyżki świeżego soku z cytryny
- ⅛ łyżeczki pieprzu cayenne
- 1 funt świeżego szpinaku
- Sól i świeżo zmielony czarny pieprz do smaku

INSTRUKCJE:

a) Połącz kalafior, bulion warzywny, sok z cytryny i pieprz cayenne w średnim rondlu i zagotuj na dużym ogniu. Zmniejsz ogień do średniego i gotuj, aż kalafior będzie miękki, około 8 do 10 minut. Zmiksuj mieszaninę za pomocą blendera zanurzeniowego lub przenieś ją do blendera z ściśle przylegającą pokrywką i przykryj ręcznikiem, puree do uzyskania kremowej konsystencji i włóż kalafior holenderski z powrotem na patelnię, aby się ogrzał.

b) Do dużego garnka dodaj szpinak i zalej go ¼ szklanki wody. Gotuj pod przykryciem na średnim ogniu, aż szpinak zwiędnie. Odcedzić i doprawić solą i pieprzem.

c) Przed podaniem połóż grillowane grzyby Portobello na każdym z czterech oddzielnych talerzy i podziel szpinak pomiędzy grzyby. Sosem polej szpinak i podawaj na gorąco.

49.Grzyby Nadziewane Jagodami Goji I Szpinakiem

SKŁADNIKI:
- Duże grzyby (takie jak cremini lub portobello)
- 1 szklanka świeżego szpinaku, posiekanego
- 1/4 szklanki jagód goji
- 1/4 szklanki bułki tartej
- 2 łyżki startego parmezanu
- 2 łyżki posiekanej świeżej natki pietruszki
- Sól i pieprz do smaku

INSTRUKCJE:
a) Rozgrzej piekarnik do 190°C i wyłóż blachę do pieczenia papierem pergaminowym.
b) Usuń łodygi z grzybów i odłóż je na bok.
c) W misce wymieszaj posiekany szpinak, jagody goji, bułkę tartą, parmezan, pietruszkę, sól i pieprz.
d) Nafaszeruj każdą czapkę grzyba mieszanką szpinaku i jagód goji.
e) Na przygotowaną blachę do pieczenia ułóż nadziewane grzyby.
f) Piecz przez 15-20 minut lub do momentu, aż grzyby będą miękkie, a nadzienie będzie złotobrązowe.
g) Wyjmij z piekarnika i przed podaniem pozwól im lekko ostygnąć.

50.Portobellos, Krewetki I Farro Miski

SKŁADNIKI:

- 1 szklanka (165 g) perłowego farro
- 2½ szklanki (590 ml) wody
- Sól koszerna i świeżo zmielony pieprz
- 2 duże kapelusze grzybów portobello, pokrojone w plastry o grubości 1,3 cm
- 2 średnie cukinie pokrojone w krążki o grubości 1,3 cm
- 1 czerwona papryka, pozbawiona gniazda nasiennego i pokrojona w cienkie plasterki
- 3 łyżki (45 ml) oliwy z awokado lub oliwy z oliwek z pierwszego tłoczenia, podzielone
- 2 łyżki (30 ml) octu balsamicznego
- 1 łyżeczka (6 g) miodu 2 ząbki czosnku, posiekane
- 1 funt (455 g) krewetek, obranych i oczyszczonych
- Mikro warzywa
- ½ szklanki (120 ml) sosu z awokado

INSTRUKCJE:

a) Rozgrzej piekarnik do 400°F (200°C lub stopień gazu 6).

b) Do średniego rondla dodaj farro, wodę i dużą szczyptę soli. Doprowadzić do wrzenia, następnie zmniejszyć ogień do niskiego, przykryć i gotować na wolnym ogniu, aż farro będzie miękkie z lekkim przeżuwaniem, około 30 minut.

c) W międzyczasie wymieszaj grzyby, cukinię i paprykę z 2 łyżkami (30 ml) oliwy, solą i pieprzem. Rozłóż w jednej warstwie na obrzeżonej blasze do pieczenia. Piecz do miękkości i lekko rumianego koloru, około 20 minut, przewracając w połowie.

d) W małej misce wymieszaj ocet balsamiczny i miód; odłożyć na bok. Rozgrzej pozostałą 1 łyżkę stołową (15 ml) oleju na dużej patelni na średnim ogniu. Dodaj czosnek i smaż, ciągle mieszając, aż zacznie pachnieć, około 30 sekund. Wlać mieszaninę balsamiczno-miodową, dodać krewetki i wymieszać do pokrycia. Gotuj, od czasu do czasu mieszając, aż będzie nieprzezroczysty i ugotowany, od 3 do 5 minut.

e) Aby podać, podziel farro pomiędzy miski. Na wierzch połóż pieczone warzywa, krewetki i mikro warzywa, a następnie skrop sosem z awokado.

51.Węgiel z wołowiny grzybowej

SKŁADNIKI:

- 2 łyżki plus 1-1/2 łyżeczki oleju rzepakowego, podzielone
- 1-1/2 funta gulaszu wołowego, pokrojonego w 1-calową kostkę
- 3/4 łyżeczki soli
- 1/4 łyżeczki plus 1/8 łyżeczki pieprzu
- 3 średnie cebule, posiekane
- 1-1/4 funta grzybów portobello, usuniętych łodyg, pokrojonych w kostkę o średnicy 3/4 cala
- 4 ząbki czosnku, posiekane
- 2 łyżki koncentratu pomidorowego
- 1/2 funta świeżej młodej marchewki
- 1 gruba kromka jednodniowego chleba żytniego, pokruszona (około 1-1/2 szklanki)
- 3 liście laurowe
- 1-1/2 łyżeczki suszonego tymianku
- 1 łyżeczka granulowanego bulionu wołowego
- 1 butelka (12 uncji) jasnego piwa lub bulionu wołowego
- 1 szklanka wody
- 1 uncja startej gorzkiej czekolady

INSTRUKCJE:

a) Zmień temperaturę na 325 °, aby rozgrzać. Rozgrzej 2 łyżki oleju w nadającym się do piekarnika holenderskim piekarniku na średnim ogniu. Dopraw wołowinę pieprzem i solą; smaż partiami, aż się zrumieni. Ugotowaną wołowinę wyjmuj łyżką cedzakową. Zmniejsz temperaturę do średniej. Podsmaż cebulę w cieście, często mieszając przez około 8 minut, aż uzyska ciemnozłoty kolor. Wymieszaj pozostały olej; dodać czosnek i grzyby.

b) Smażyć, aż płyn puści, a grzyby zaczną brązowieć.

c) Wymieszać z koncentratem pomidorowym.

d) Dodać bulion, tymianek, liście laurowe, pieczywo i marchewkę. Wlać wodę i piwo; dobrze mieszając, aby poluzować przyrumienione kawałki z patelni. Doprowadzić do wrzenia; dodaj wołowinę z powrotem na patelnię.

e) Przykryj i piecz od 2 godzin do 2 godzin i 15 minut, aż mięso będzie miękkie. Wyjmij patelnię; usuń liście laurowe. Mieszać z czekoladą, aż się rozpuści.

52.Gulasz wołowy Północne lasy

SKŁADNIKI:
- 3 duże marchewki, pokrojone na 1-calowe kawałki
- 3 żeberka selera, pokrojone na 1-calowe kawałki
- 1 duża cebula, pokrojona w krążki
- 1/4 szklanki mąki uniwersalnej
- 1/2 łyżeczki soli
- 1/4 łyżeczki pieprzu
- 3-1/2 funta gulaszu wołowego
- 1 puszka (10-3/4 uncji) skondensowanej zupy pomidorowej, nierozcieńczona
- 1/2 szklanki wytrawnego czerwonego wina lub bulionu wołowego
- 2 łyżki szybkogotowanej tapioki
- 1 łyżka przyprawy włoskiej
- 1 łyżka papryki
- 1 łyżka brązowego cukru
- 1 łyżka granulowanego bulionu wołowego
- 1 łyżka sosu Worcestershire
- 1/2 funta pokrojonych w plasterki małych grzybów portobello
- Makaron jajeczny na gorąco

INSTRUKCJE:
a) Umieść cebulę, seler i marchewkę w wolnowarze o pojemności 5 litrów. Połącz pieprz, sól i mąkę w dużej zamykanej plastikowej torbie. Dodawaj po kilka kawałków wołowiny i potrząsaj, aż mięso się pokryje. Połóż panierowaną wołowinę na warzywach.
b) W małej misce połącz sos Worcestershire, bulion, brązowy cukier, paprykę, przyprawę włoską, tapiokę, wino i zupę. Wlać
c) mieszaninę na wierzch.
d) Gotuj pod przykryciem na małym ogniu, aż wołowina i warzywa będą miękkie, około 8 do 10 godzin, dodając grzyby w ciągu ostatniej godziny. Podawać razem z makaronem.

53.Grzyby Portobello nadziewane smoczymi owocami

SKŁADNIKI:
- 4 duże pieczarki Portobello
- 1 smoczy owoc, obrany i pokrojony w kostkę
- 1 szklanka ugotowanej komosy ryżowej lub ryżu
- 1/4 szklanki pokruszonego sera feta
- 2 łyżki posiekanej świeżej bazylii
- 2 łyżki glazury balsamicznej
- Sól i pieprz do smaku

INSTRUKCJE:
a) Rozgrzej piekarnik do 190°C (375°F).
b) Usuń łodygi z grzybów Portobello i oczyść je.
c) W misce wymieszaj pokrojony w kostkę smoczy owoc, ugotowaną komosę ryżową lub ryż, pokruszony ser feta, posiekaną świeżą bazylię, polewę balsamiczną, sól i pieprz.
d) Dobrze wymieszaj, aż wszystkie składniki się połączą.
e) Nadziewaj każdego grzyba Portobello mieszanką smoczych owoców.
f) Nadziewane pieczarki układamy na blaszce wyłożonej papierem do pieczenia.
g) Piec w nagrzanym piekarniku przez 20-25 minut lub do momentu, aż grzyby będą miękkie, a nadzienie dobrze się podgrzeje.
h) Podawaj nadziewane grzyby Portobello jako aromatyczne i sycące danie główne.

54.Steki z serem grzybowym

SKŁADNIKI:

- 2 łyżki niesolonego masła
- 1 duża żółta cebula, pokrojona w cienkie plasterki
- 1 łyżka niskosodowego sosu sojowego
- 4 grzyby Portobello pokrojone w plasterki
- 2 ząbki czosnku, drobno posiekane
- 2 papryczki poblano, pokrojone w plasterki
- 1 czerwona papryka, pokrojona w plasterki
- 1 łyżka posiekanego świeżego oregano
- Sól koszerna i świeżo zmielony pieprz
- 4 bułki hoagie przekrojone na pół
- 4 plastry sera provolone
- Smakowity Sos

INSTRUKCJE:

a) W garnku wolnowarowym wymieszaj masło, cebulę i sos sojowy. Dodaj grzyby, czosnek, papryczki poblano, paprykę, oregano i szczyptę soli i pieprzu. Przykryj i gotuj, aż warzywa będą miękkie, około 4 godzin na niskim poziomie i 2 do 3 godzin na wysokim poziomie.

b) Rozgrzej piekarnik do 400°F.

c) Rozłóż grzyby i paprykę pomiędzy bułkami hoagie, a następnie posyp serem provolone. Każdy hoagie zawiń w arkusz papieru pergaminowego, następnie w folię i umieść bezpośrednio na ruszcie piekarnika, aż ser się roztopi, około 5 minut.

d) Podawaj natychmiast, jeśli chcesz, z dodatkiem sosu mniam.

55.Grillowane Grzyby Z Sałatką Koperkową I krążkami Cebuli

SKŁADNIKI:

- 100ml sosu barbecue
- 2 łyżeczki pasty chipotle
- 4 grzyby Portobello, usunąć łodygi
- Olej roślinny, do smażenia
- Do sałatki z kopru włoskiego
- 80 g kopru włoskiego, drobno pokrojonego
- 80 g czerwonej kapusty, drobno posiekanej
- 80 g startej marchewki
- 3 łyżki majonezu
- 1 łyżka białego octu winnego
- Sól morska i świeżo zmielony czarny pieprz
- Do krążków cebuli
- 150 g mąki samorosnącej
- 1 łyżeczka suszonego tymianku
- 1 łyżeczka czosnku granulowanego
- 225 ml zimnej wody gazowanej
- 1 mała cebula, obrana i grubo pokrojona w krążki

INSTRUKCJE:

a) Rozgrzej piekarnik do 200°C/180°C z termoobiegiem/gazem 6. Postaw patelnię grillową na dużym ogniu.

b) W misce wymieszaj sos barbecue i pastę chipotle. Za pomocą pędzla do ciasta posmaruj obie strony grzybów mieszanką sosu. Połóż grzyby na patelni i piecz przez 2–3 minuty z każdej strony lub do momentu, aż na ich powierzchni pojawią się zwęglone linie.

c) W międzyczasie do dużej miski włóż wszystkie warzywa na sałatkę, dodaj majonez i ocet. Doprawić solą i pieprzem, dobrze wymieszać i odstawić.

d) Przełóż grzyby na blachę do pieczenia wraz z pozostałym w misce sosem barbecue. Wstawić do piekarnika na 10–12 minut.

e) Napełnij do połowy małą patelnię olejem roślinnym i postaw na dużym ogniu.

f) W międzyczasie do miski wsyp mąkę, tymianek i czosnek, dopraw solą i pieprzem. Dolać wodę gazowaną i zagnieść ciasto, następnie dodać krążki cebuli i ostrożnie wymieszać, żeby się nią pokryły.

g) Gdy olej osiągnie temperaturę 180–190°C lub gdy kropla ciasta natychmiast zacznie skwierczeć, ostrożnie dodawaj cztery lub pięć krążków cebuli na raz i smaż przez 2–3 minuty lub do złotego koloru z obu stron. Odcedź na papierze kuchennym i usmaż pozostałe krążki w ten sam sposób.

h) Rozłóż grzyby, sałatkę coleslaw i krążki cebuli pomiędzy talerzami. Przed podaniem posyp krążki odrobiną soli.

56.Pomidorowe I Pieczarki

SKŁADNIKI:

- 1 funt Świeże pomidory; przekrojony na pół i posadzony
- Skropić oliwą z oliwek
- Sól
- Świeżo zmielony czarny pieprz
- 4 media Grzyby Portobello; wycięty i oczyszczony
- 1 funt Świeży ser mozzarella; pokrojony
- 1 łyżka stołowa Oliwa z oliwek
- 1 filiżanka Posiekana cebula
- 6 filiżanek Woda
- 1 łyżeczka Siekany czosnek
- 1 funt Ryż arborio
- 1 łyżka stołowa Masło niesolone
- ¼ szklanki Ciężki krem
- ½ szklanki świeżo startego sera Parmigiano-Reggiano
- 3 łyżki Posiekana zielona cebula;

INSTRUKCJE:

a)   Rozgrzej grill do 400 stopni. W misce wymieszać pomidory z oliwą, solą i pieprzem. Połóż na grillu i smaż po 2–3 minuty z każdej strony. Zdejmij z grilla i odłóż na bok. Rozgrzej piekarnik do 400 stopni.

b)   Umieść grzyby Portobello na wyłożonej pergaminem blasze do pieczenia, zagłębieniem do góry. Skropić obie strony pieczarek oliwą z oliwek.

c)   Doprawiamy z obu stron solą i pieprzem. Rozłóż ćwiartkę sera nad każdym wgłębieniem grzyba.

d)   Włóż do piekarnika i gotuj, aż grzyby będą miękkie, a ser będzie musujący, około 10 minut. Rozgrzej oliwę z oliwek na dużej patelni na średnim ogniu.

e)   Dodaj cebulę. Doprawić solą i pieprzem. Smażyć, aż cebula będzie lekko miękka, około 3 minut.

f)   Dodaj wodę i czosnek. Doprowadzić mieszaninę do wrzenia, zmniejszyć ogień do średniego i gotować na wolnym ogniu przez około 6 minut.

g)   Dodaj ryż i gotuj na wolnym ogniu, ciągle mieszając, aż mieszanina będzie kremowa i musująca, około 18 minut. Wymieszaj masło, śmietanę, ser i zieloną cebulę.

h)   Dusić przez około 2 minuty, ciągle mieszając. Zdjąć z ognia i wymieszać z pomidorami.

57.Nowozelandzkie Ciasto Mięsno-Grzybowe

SKŁADNIKI:

DO WYPEŁNIENIA:
- 1/4 szklanki (60 ml) oleju roślinnego
- Trochę więcej niż 1 funt (500 g) mielonej wołowiny
- 1 cebula, drobno posiekana
- 2 ząbki czosnku, bardzo drobno posiekane
- 2 duże grzyby Portobello, drobno posiekane
- 2 marchewki, obrane i pokrojone w kostkę
- 2 łodygi selera, pozbawione nitek i pokrojone w plasterki
- 1 mała garść natki pietruszki, drobno posiekanej
- 1 mała garść liści selera, drobno posiekanych
- 1 łyżka drobno posiekanego świeżego, miękkiego tymianku
- 1 łyżka świeżego rozmarynu, drobno posiekanego
- 1/2 łyżki ostrej musztardy angielskiej
- 2 łyżki koncentratu pomidorowego
- 1/4 łyżeczki zmielonych liści Horopito lub do smaku
- 1 1/4 łyżeczki (7 g) płatków soli morskiej Maldon
- 3 3/4 łyżeczki (20 g) skrobi kukurydzianej
- 2 1/2 funta (1,2 kg) ciasta francuskiego z masłem
- 1 szklanka (120 g) grubo startego cheddara
- 1 jajko, lekko ubite

DLA BOGATEJ WOŁOWINY:
- 1 1/2 łyżki oleju roślinnego
- 10 1/2 uncji (300 g) skrawków wołowiny, pokrojonych w kostkę
- 100 gramów kawałka boczku, pokrojonego w 3-centymetrową kostkę
- 1 cebula, nieobrana, pokrojona w cienkie plasterki
- 5 ząbków czosnku, nieobranych, przekrojonych na pół
- 6 gałązek tymianku
- 3 świeże liście laurowe
- 1 łyżeczka ziaren czarnego pieprzu
- 1/4 szklanki (65 ml) brandy
- 6 1/2 szklanki (1 1/2 litra) najlepszej jakości bulionu z kurczaka

INSTRUKCJE:

PRZYGOTUJ BOGATY WYWAR WOŁOWY:

a)   W dużym garnku rozgrzej olej roślinny, brązowe kawałki wołowiny i bekon. Dodać pokrojoną cebulę, czosnek, tymianek, liście laurowe i ziarna czarnego pieprzu. Gotuj, aż cebula będzie miękka. Dodaj brandy i gotuj, aż odparuje.

b)   Wlać bulion z kurczaka i dusić przez około 1 godzinę. Odcedź i odłóż na bok.

PRZYGOTUJ NADZIENIE:

c)   Na dużej patelni rozgrzej olej roślinny. Dodaj mieloną wołowinę i smaż, aż się zrumieni. Dodać posiekaną cebulę, czosnek, pieczarki, marchewkę i seler. Gotuj, aż warzywa będą miękkie.

d)   Wymieszaj natkę pietruszki, liście selera, tymianek, rozmaryn, musztardę, koncentrat pomidorowy, liście horopito (jeśli używasz) i sól. Dobrze wymieszaj.

e)   Rozpuść skrobię kukurydzianą w niewielkiej ilości wody i dodaj do mieszanki. Gotuj, aż mieszanina zgęstnieje. Zdjąć z ognia i pozostawić do ostygnięcia.

MONTAŻ CIASTA:

f)   Rozgrzej piekarnik do temperatury zalecanej dla ciasta francuskiego.

g)   Rozwałkuj ciasto francuskie i wyłóż nim dno tortownicy. Wypełnij ostudzoną mieszanką mięsną, posyp tartym serem cheddar.

h)   Przykryć kolejną warstwą ciasta francuskiego. Sklejamy brzegi i smarujemy roztrzepanym jajkiem.

i)   Piec w nagrzanym piekarniku, aż ciasto będzie złotobrązowe i upieczone.

j)   Podawaj nowozelandzki placek mięsny na gorąco z dodatkiem bogatego bulionu wołowego do maczania.

58.Sos grzybowy na makaronie jajecznym

SKŁADNIKI:

- 3 łyżki oliwy z oliwek
- 1 żółta cebula, posiekana
- ½ szklanki posiekanego selera
- ½ szklanki posiekanej marchewki
- 1 funt pokrojonych w plasterki grzybów cremini
- 12 uncji grzybów portobello, pokrojonych w plasterki
- Puszka 14,5 uncji pieczonych na ogniu pomidorów, pokrojonych w kostkę i odsączonych
- ¾ szklanki sosu pomidorowego
- 2 łyżeczki posiekanego świeżego rozmarynu lub tymianku
- ½ łyżeczki soli koszernej
- ½ łyżeczki czarnego pieprzu
- ¼ szklanki wytrawnego czerwonego wina
- 1 łyżka sosu sojowego o niższej zawartości sodu
- 8-uncjowe opakowanie pełnoziarnistego, bardzo szerokiego makaronu jajecznego
- 1 uncja sera parmezan, startego
- Posiekana świeża pietruszka płaskolistna

INSTRUKCJE:

a) Rozgrzej 2 łyżki oleju na patelni na umiarkowanym ogniu. Dodaj cebulę, seler i marchewkę na patelnię; gotować, ciągle mieszając, aż mieszanina zacznie brązowieć, około 5 minut. Umieść mieszaninę cebuli w garnku Crockpot.

b) Rozgrzej pozostałą 1 łyżkę oleju na patelni na umiarkowanym ogniu. Dodaj grzyby; gotować, ciągle mieszając, do miękkości, około 8 minut.

c) Przenieś mieszaninę grzybów do robota kuchennego i pulsuj, aż zostanie grubo posiekana około 5 razy. Do garnka Crockpot dodaj grzyby, pomidory, sos pomidorowy, rozmaryn, sól i pieprz. Wymieszaj wino i sos sojowy. Wolno gotować pod przykryciem, aż mieszanina lekko zgęstnieje, około 6 godzin.

d) W międzyczasie ugotuj makaron jajeczny zgodnie z instrukcją na opakowaniu. Podawaj sos grzybowy na gorącym makaronie. Każdą porcję posyp serem. Udekoruj pietruszką.

59.Pikantne kubki z wędzoną sałatą tofu

SKŁADNIKI:

- 2 łyżki oleju roślinnego
- 1 łyżka oleju sezamowego
- 1 cebula, obrana i pokrojona w kostkę
- 4 ząbki czosnku, obrane i rozgniecione
- 250 g młodej kukurydzy, pokrojonej w grube plasterki
- 250 g grzybów Portobello, pokrojonych w kostkę
- 2 łyżki wina ryżowego Shaoxing
- 400 g wędzonego tofu, pokruszonego
- 80 g kasztanów wodnych, grubo posiekanych
- 3 łyżki sosu sojowego
- 2 łyżki sosu chili sriracha
- 1 łyżka octu ryżowego
- 2 duże garści kiełków fasoli
- Duża garść kolendry, grubo posiekanej
- Służyć
- 2 liście sałaty lodowej lub okrągłej lub 4 małe listki klejnotów
- 1 czerwone chilli, pozbawione nasion, jeśli wolisz łagodniejsze uderzenie, pokrojone w cienkie plasterki
- Garść chrupiącej smażonej cebuli

INSTRUKCJE:

a)   Postaw duży, nieprzywierający wok na dużym ogniu. Gdy wędzimy na gorąco, dodajemy oleje, następnie cebulę i smażymy, mieszając, przez 1–2 minuty. Dodaj czosnek i młodą kukurydzę i smaż mieszając przez 1–2 minuty. Dodaj grzyby i wino ryżowe i smaż mieszając przez kolejne 2 minuty.

b)   Na patelnię wsyp tofu i wymieszaj z kasztanami wodnymi. Dodaj sos sojowy, srirachę i ocet ryżowy i smaż mieszając przez 1–2 minuty, a następnie dodaj kiełki fasoli. Smażymy przez kolejną minutę, zdejmujemy z ognia i dodajemy kolendrę.

c)   Podawaj mieszaninę tofu w miskach z liśćmi sałaty na boku. Przed podaniem posypujemy czerwonym chilli i chrupiącą cebulą.

PIZZA

60.Grillowana Pizza Biały Portobellos

SKŁADNIKI:

- 1 łyżka stołowa Plus 1 łyżeczka czosnku; mielony
- Dziewicza oliwa z oliwek
- 4 4-calowe łodygi grzybów portobello wyrzucone
- 20 plasterków bakłażana; wyciąć ⅛ "grubości
- 2 szklanki posiekanego sera Fontina, luźno zapakowanego
- ¾ szklanki świeżo startego parmezanu
- ½ szklanki sera Gorgonzola; rozdrobniony
- ciasto na pizzę
- ¼ szklanki pietruszki płaskolistnej; posiekana

INSTRUKCJE:

a) Przygotuj ogień z węgla drzewnego i ustaw ruszt grillowy 3 do 4 cali nad węglami.

b) W misce wymieszaj czosnek z ¼ szklanki oliwy z oliwek. Obficie posmaruj olejem grzyby i bakłażana.

c) W drugiej misce wymieszaj Fontinę, Parmezan i Gorgonzolę. Przykryj i przechowuj w lodówce. Kiedy na węglach zacznie pojawiać się biały popiół, ogień jest gotowy.

d) Grilluj kapelusze grzybów, aż zmiękną i ugotują się, około 4 minuty na stronę. Grilluj plastry bakłażana do miękkości, około dwóch minut z każdej strony. Pokrój kapelusze grzybów o grubości ⅛ cala i odłóż na bok razem z bakłażanem.

e) Ciasto na pizzę podzielić na cztery równe części. Trzymaj 3 kawałki pod przykryciem. Na dużej, lekko naoliwionej, pozbawionej brzegów blasze do pieczenia rozłóż i spłaszcz rękoma czwarty kawałek ciasta, aby utworzyć 12-calową swobodną formę o grubości około 1/16 cala; nie rób warg.

f) Delikatnie ułóż ciasto na rozgrzanym grillu, w ciągu minuty ciasto lekko się uformuje, spód stwardnieje i pojawią się ślady grillowania.

g) Za pomocą szczypiec natychmiast przełóż ciasto na rozgrzaną blachę do pieczenia i posmaruj oliwą z oliwek. Na cieście rozłóż jedną czwartą mieszanych serów, natki pietruszki i grillowanych warzyw.

h) Skrop pizzę oliwą z oliwek. Przesuń pizzę z powrotem w stronę rozżarzonych węgli, ale nie bezpośrednio nad sekcjami narażonymi na wysoką temperaturę; często sprawdzaj spód, aby sprawdzić, czy nie jest zwęglony. Pizza jest gotowa, gdy sery się rozpuszczą, a warzywa podgrzeją przez 3 do 4 minut.

i) Podawaj pizzę gorącą prosto z grilla. Powtórz procedurę, aby przygotować pozostałe pizze.

61.Mini pizze Portobello

SKŁADNIKI:

- 1 Pomidor winorośli, pokrojony w cienkie plasterki
- ¼ szklanki świeżej posiekanej bazylii
- Szczypta soli o niskiej zawartości sodu i pieprzu
- 4 uncje sera wegańskiego
- 20 plasterków pepperoni
- 6 łyżek oliwy z oliwek
- 4 kapelusze grzybów Portobello

INSTRUKCJE:

a) Wyskrob wszystkie wnętrza grzybów.
b) Rozgrzej piekarnik do wysokiego poziomu grillowania i posmaruj wnętrze grzybów oliwą z oliwek. Doprawić solą i pieprzem.
c) Pieczarkę smaż przez 3 minuty.
d) Odwróć grzyby i posmaruj je oliwą z oliwek , dopraw solą i pieprzem .
e) B smaż kolejne 4 minuty.
f) Do każdego grzyba włóż pomidor i liść bazylii.
g) Na każdy grzyb połóż 5 kawałków pepperoni i ser wegański.
h) Smaż przez kolejne 2 minuty .

62.Pizza Portobello I Czarnych Oliwek

SKŁADNIKI:

- 1 ciasto na pizzę
- 2 łyżki oliwy z oliwek
- 2 kapelusze grzybów portobello, pokrojone w ¼-calowe plasterki
- 1 łyżka drobno posiekanej świeżej bazylii
- ¼ łyżeczki suszonego oregano
- Sól i świeżo zmielony czarny pieprz
- ½ szklanki sosu do pizzy lub sosu marinara

INSTRUKCJE:

a) Wyrośnięte ciasto lekko spłaszcz, przykryj folią lub czystą ściereczką i odstaw na 10 minut, aby odpoczęło.

b) Umieścić ruszt piekarnika na najniższym poziomie piekarnika. Rozgrzej piekarnik do 450°F. Lekko natłuść formę do pizzy lub blachę do pieczenia.

c) Wyłóż zrelaksowane ciasto na lekko posypaną mąką powierzchnię roboczą i spłaszcz rękami, często obracając i posypując mąką, ugniatając okrąg o średnicy 12 cali. Należy uważać, aby nie przerobić środka ciasta, gdyż środek ciasta będzie zbyt cienki. Ciasto przełożyć na przygotowaną formę do pizzy lub blachę do pieczenia.

d) Na patelni rozgrzej 1 łyżkę oleju na umiarkowanym ogniu.

e) Dodaj grzyby i smaż, aż zmiękną, około 5 minut. Zdjąć z ognia i dodać bazylię, oregano oraz sól i pieprz do smaku. Wymieszaj oliwki i odłóż na bok.

f) Na przygotowane ciasto na pizzę rozsmaruj pozostałą 1 łyżkę oleju, rozprowadzając równomiernie opuszkami palców. Posmaruj sosem do pizzy, równomiernie rozprowadzając go w odległości około ½ cala od krawędzi ciasta. Rozłóż mieszaninę warzyw równomiernie na sosie, około ½ cala od krawędzi ciasta.

g) Piec, aż skórka będzie złotobrązowa, około 12 minut. Pokrój pizzę na 8 części i podawaj na gorąco.

63.Pizza Portobello

SKŁADNIKI:

- 1 średni pomidor, pokrojony w plasterki
- ¼ szklanki posiekanej bazylii
- 20 plasterków pepperoni
- 4 kapelusze grzybów Portobello
- 4 uncje sera mozzarella
- 6 łyżek oliwy z oliwek
- Czarny pieprz
- Sól

INSTRUKCJE:

a) Z grzybów usuń wnętrzności, a mięso wyjmij tak, aby pozostała skorupa.

b) Pieczarki polać połową oliwy, doprawić pieprzem i solą; Smaż przez 5 minut, następnie odwróć i posmaruj resztą oleju. Piec przez dodatkowe 5 minut.

c) Dodaj pomidora do wnętrza muszli i posyp bazylią, pepperoni i serem. Smaż przez 4 minuty, aż ser się roztopi.

d) Podawać na ciepło.

64.Klasyczna pizza Margherita Portobello

SKŁADNIKI:

- 4 duże pieczarki portobello
- 1 szklanka sosu marinara
- 1 1/2 szklanki sera mozzarella, posiekanego
- Świeże liście bazylii, do dekoracji
- Sól i pieprz do smaku

INSTRUKCJE:

a) Rozgrzej piekarnik do 400°F (200°C).
b) Usuń łodygi z grzybów portobello i połóż je na blasze do pieczenia.
c) Do każdej czapki grzybowej włóż sos marinara.
d) Sos posypać serem mozzarella.
e) Dopraw solą i pieprzem do smaku.
f) Piec przez 15-20 minut lub do momentu, aż ser się roztopi i zarumieni.
g) Przed podaniem udekoruj listkami świeżej bazylii.

65.Pizza Portobello z kurczakiem i grillem

SKŁADNIKI:

- 4 duże pieczarki portobello
- 1 szklanka gotowanego kurczaka, posiekanego
- 1/2 szklanki czerwonej cebuli, pokrojonej w cienkie plasterki
- 1/2 szklanki sosu barbecue
- 1 1/2 szklanki sera Cheddar, posiekanego
- Świeża kolendra, posiekana, do dekoracji

INSTRUKCJE:

a) Rozgrzej piekarnik do 400°F (200°C).
b) Usuń łodygi z grzybów portobello i połóż je na blasze do pieczenia.
c) Wymieszaj rozdrobnionego kurczaka z sosem barbecue.
d) Włóż mieszaninę kurczaka z grilla do każdej czapki grzyba.
e) Posyp pokrojoną w plasterki czerwoną cebulą i serem Cheddar.
f) Piec przez 15-20 minut lub do momentu rozpuszczenia sera.
g) Przed podaniem udekoruj posiekaną kolendrą.

66.Wegetariańska pizza z pesto Portobello

SKŁADNIKI:

- 4 duże pieczarki portobello
- 1/2 szklanki sosu pesto
- 1 szklanka pomidorków koktajlowych, przekrojonych na połówki
- 1/2 szklanki czarnych oliwek, pokrojonych w plasterki
- 1 1/2 szklanki sera feta, pokruszonego
- Świeże oregano do dekoracji

INSTRUKCJE:

a) Rozgrzej piekarnik do 400°F (200°C).

b) Usuń łodygi z grzybów portobello i połóż je na blasze do pieczenia.

c) Wewnątrz każdej czapki grzyba rozsmaruj sos pesto.

d) Na wierzchu ułóż przekrojone na połówki pomidorki koktajlowe i pokrojone w plasterki czarne oliwki.

e) Pokruszyć ser feta na warzywach.

f) Piec przez 15-20 minut lub do momentu, aż ser będzie złocisty i musujący.

g) Przed podaniem udekoruj świeżym oregano.

67.Pizza Portobello dla miłośników mięsa

SKŁADNIKI:

- 4 duże pieczarki portobello
- 1 szklanka sosu marinara
- 1/2 szklanki plasterków pepperoni
- 1/2 szklanki gotowanej kiełbasy, pokruszonej
- 1/2 szklanki gotowanego boczku, posiekanego
- 1 1/2 szklanki sera mozzarella, posiekanego

INSTRUKCJE:

a) Rozgrzej piekarnik do 400°F (200°C).
b) Usuń łodygi z grzybów portobello i połóż je na blasze do pieczenia.
c) Do każdej czapki grzybowej włóż sos marinara.
d) Ułóż plasterki pepperoni, pokruszoną kiełbasę i posiekany boczek.
e) Na wierzch posypujemy serem mozzarella.
f) Piec przez 15-20 minut lub do momentu, aż ser się roztopi i zarumieni.
g) Przed podaniem pozwól pizzy lekko ostygnąć.

KANAPKI, BURGERY I WRAPY

68.Kanapka ze stekiem grzybowym i pesto

SKŁADNIKI:

- 2 szklanki mrożonego groszku ogrodowego
- 1 szklanka liści rukoli dziecięcej
- 1 mały ząbek czosnku, obrany
- ¼ szklanki drobno startego parmezanu
- ¼ szklanki orzeszków piniowych, prażonych
- 3 łyżki oliwy z oliwek z pierwszego tłoczenia
- 4 grzyby portobello
- 4 kromki chleba na zakwasie, tostowe
- Rukiew wodna i ogolona rzodkiewka do podania

INSTRUKCJE:

a) Ugotowany groszek odcedź i odłóż ½ szklanki groszku na bok. Do robota kuchennego włóż pozostały groszek, rukolę, czosnek, parmezan, orzeszki piniowe i 2 łyżki oleju i zmiksuj na puree. Doprawić do smaku. Wymieszaj zarezerwowany groszek z pesto grochowym.

b) Pieczarki ułożyć na blaszce wyłożonej papierem do pieczenia i skropić pozostałym olejem. Umieścić na rozgrzanym grillu na wysokim poziomie i smażyć po 2 minuty z każdej strony, aż lekko się zarumieni.

c) Na chlebie posmaruj pesto grochowym, posyp grzybami, rzeżuchą i rzodkiewką. Natychmiast podawaj.

69.Burger z grzybami Portobello

SKŁADNIKI:

- 4 kapelusze grzybów portobello
- 2 łyżki octu balsamicznego
- 2 łyżki oliwy z oliwek
- 2 ząbki czosnku, posiekane
- Sól i pieprz do smaku
- 4 bułki do burgerów
- Dodatki do wyboru (sałata, pomidor, ser itp.)

INSTRUKCJE:

a) W płytkim naczyniu wymieszaj ocet balsamiczny, oliwę z oliwek, przeciśnięty przez praskę czosnek, sól i pieprz.

b) Umieść kapelusze pieczarek portobello w naczyniu i pozostaw je w marynacie na około 10 minut, obracając je w połowie.

c) Rozgrzej grill lub patelnię kuchenną na średnim ogniu.

d) Grilluj kapelusze grzybów przez około 4-5 minut z każdej strony, aż będą miękkie i soczyste.

e) Lekko podpiecz bułki burgerowe na grillu lub w tosterze.

f) Złóż burgery, umieszczając czapkę grillowanych grzybów portobello na dolnej połowie każdej bułki.

g) Na wierzch posyp ulubionymi dodatkami.

h) Przykryj górną połową bułki i podawaj.

70.Burger z Dzikimi Grzybami

SKŁADNIKI:

- 2 łyżeczki oliwy z oliwek
- 1 średnia żółta cebula; drobno posiekane
- 2 szalotki; obrane i posiekane
- ⅛ łyżeczki soli
- 1 szklanka suszonych grzybów shiitake
- 2 kubki Grzyby Portobello
- 1 opakowanie Tofu
- ⅓ szklanki prażonych kiełków pszenicy
- ⅓ szklanki bułki tartej
- 2 łyżki lekkiego sosu sojowego
- 2 łyżki sosu Worcestershire
- 1 łyżeczka Płynny aromat dymu
- ½ łyżeczki czosnku granulowanego
- ¾ szklanki szybkich płatków owsianych

INSTRUKCJE:

a) Cebulę, szalotkę i sól podsmaż na oliwie z oliwek przez około 5 minut.

b) Łodyga zmiękczonych grzybów shiitake; zmiel ze świeżymi grzybami w robocie kuchennym. Dodać do cebuli.

c) Gotuj przez 10 minut, od czasu do czasu mieszając, aby zapobiec przywieraniu.

d) Wymieszaj grzyby z puree z tofu, dodaj pozostałe składniki i dobrze wymieszaj. Zwilż ręce, żeby się nie sklejały i formuj kotlety.

e) Piec 25 minut, obracając raz po 15 minutach.

71.Burgery z marynowanymi grzybami i Haloumi

SKŁADNIKI:

- 1 duże awokado
- Drobno starta skórka i sok z 1 cytryny
- 2 łyżki oliwy z oliwek
- 4 grzyby portobello z przyciętymi łodygami
- 1 ząbek czosnku, zmiażdżony
- 4 gałązki tymianku, zerwane liście
- 1 długie czerwone chili, usunąć nasiona i drobno posiekać
- 1 łyżka miodu
- 2 łyżki octu jabłkowego
- 250 g haloumi, pokrojonego na 4 plasterki
- 4 bułki do burgerów, podzielone i lekko przypieczone
- Do podania majonez i liście dzikiej rukoli

INSTRUKCJE:

a) Awokado rozgnieć widelcem i dopraw. Skropić połową soku z cytryny rozgniecione awokado i odłożyć na bok.

b) Rozgrzej 1 łyżkę oliwy z oliwek na dużej patelni na średnim ogniu. Dodaj grzyby portobello, dopraw pieprzem i smaż przez około 6 minut lub do momentu, aż lekko zmiękną.

c) Na patelnię dodaj pozostałą 1 łyżkę oliwy z oliwek, zmiażdżony czosnek, liście tymianku, posiekane chili, skórkę z cytryny i pozostały sok z cytryny. Gotuj, obracając grzyby, aby je pokryć, przez 2 minuty. Następnie skrop miodem, octem jabłkowym i ½ łyżeczki soli.

d) Gotuj, obracając, przez dodatkową 1 minutę lub do momentu, aż grzyby będą dobrze pokryte. Zdejmij patelnię z ognia.

e) Postaw kolejną patelnię na średnim ogniu. Dodaj plasterki sera Halloumi i smaż, obracając je, przez około 3 minuty lub do momentu, aż staną się złociste.

MONTAŻ BURGERÓW:

f) Rozłóż puree z awokado pomiędzy dolne połówki podpieczonych bułek burgerowych.

g) Na wierzchu ułóż plasterek sera Halloumi, ugotowanego grzyba portobello, łyżkę majonezu, garść liści dzikiej rukoli i górne połówki bułek do burgerów.

h) Ciesz się pysznymi marynowanymi grzybami i burgerami Haloumi!

72.Burger z pesto grzybowym

SKŁADNIKI:

- 4 kapelusze grzybów Portobello, bez łodyg, bez kawałków
- Pesto ze szpinaku
- 4 plasterki cebuli
- 4 plasterki pomidorów
- 4 pełnoziarniste bułki hamburgerowe

INSTRUKCJE:

a) Rozgrzej piekarnik do 400°F.

b) Posmaruj kapelusze grzybów z obu stron pesto i połóż je na wyłożonej brzegiem blasze do pieczenia.

c) Gotuj przez 15 do 20 minut, aż będzie miękka.

d) Na bułkach ułóż grzyby z pomidorami i cebulą.

73.Haloumi Hash Burgery Z Jarmużem Aioli

SKŁADNIKI:

- 200g ziemniaków Desiree, obranych, startych, odciśniętych z nadmiaru wody
- 250 g sera Halloumi, startego
- 1 łyżka mąki zwykłej
- 1 jajko
- 4 duże pieczarki portobello
- Oliwa z oliwek z pierwszego tłoczenia, do skropienia
- 1 szklanka (300 g) aioli
- 2 szklanki posiekanych liści jarmużu, blanszowanych, odświeżonych
- 4 bułki żytnie, podzielone, lekko przypieczone
- Do podania liście rukoli i sos Sriracha lub pomidorowy

INSTRUKCJE:

a) Rozgrzej piekarnik do 220°C.

b) W misce wymieszaj starte ziemniaki, tarty ser Halloumi, mąkę i jajko. Dopraw mieszaninę pieprzem. Z powstałej masy uformuj cztery krążki na blaszce wyłożonej papierem do pieczenia.

c) Umieść blachę na górnej półce piekarnika i piecz, obracając placki ziemniaczane w połowie czasu, przez około 30 minut lub do momentu, aż staną się złociste.

d) W międzyczasie połóż grzyby portobello na innej blasze do pieczenia, skrop je oliwą z oliwek i dopraw. Piec je na dolnej półce piekarnika (pod plackami ziemniaczanymi) przez ostatnie 15 minut gotowania lub do momentu, aż będą całkowicie ugotowane.

e) Umieść aioli i posiekany jarmuż w małym robocie kuchennym i miksuj, aż mieszanina stanie się zielona i dobrze połączona.

MONTAŻ BURGERÓW:

f) Posmaruj spody bułek żytnich aioli z jarmużem.

g) Każdą bułkę posypujemy rukolą, liśćmi rukoli, pieczonym grzybem, Srirachą (lub sosem pomidorowym) i pokrywkami bułek.

h) Ciesz się wyjątkowymi i pysznymi Haloumi Hash Burgers z Kale Aioli!

74.Włoska kanapka Portobello

SKŁADNIKI:

- 8 dużych grzybów Portobello, wytartych do czysta
- 2 łyżki oliwy z oliwek extra virgin
- Sól koszerna
- 1 łyżka octu z czerwonego wina
- 1 łyżka drobno posiekanej pepperoncini z nasionami
- ½ łyżeczki suszonego oregano
- Świeżo zmielony czarny pieprz
- 2 uncje pokrojonego provolonu (około 4 plasterki)
- 2 uncje cienko pokrojonej szynki o niskiej zawartości sodu (około 4 plasterki)
- 1 uncja cienko pokrojonych salami Genua (około 4 plasterki)
- 1 mały pomidor, pokrojony na 4 plasterki
- ½ szklanki posiekanej sałaty lodowej
- 4 oliwki nadziewane papryczką chińską

INSTRUKCJE:

a) Umieść ruszt piekarnika w górnej jednej trzeciej części piekarnika i rozgrzej brojler w piekarniku.

b) Usuń łodygi z grzybów i wyrzuć je.

c) Połóż kapelusze grzybów blaszką do góry i ostrym nożem całkowicie usuń skrzela (tak, aby kapelusze leżały płasko).

d) Ułóż kapelusze grzybów na blasze do pieczenia, posmaruj je 1 łyżką oleju i posyp ¼ łyżeczki soli.

e) Smaż, aż czapki będą miękkie, przewracając w połowie, 4 do 5 minut na stronę. Pozostawić do całkowitego ostygnięcia.

f) W małej misce wymieszaj ocet, pepperoncini, oregano, pozostałą 1 łyżkę oleju i kilka ziaren czarnego pieprzu.

UKŁADAĆ KANAPKI

g) Ułóż jedną czapkę grzyba, przecięciem do góry, na powierzchni roboczej. Złóż 1 kawałek provolonu tak, aby zmieścił się na czapce i powtórz po 1 plasterku szynki i salami.

h) Na wierzchu ułóż 1 plasterek pomidora i około 2 łyżki sałaty. Skropić odrobiną winegretu pepperoncini. Nałożyć kolejną czapkę grzybową i zabezpieczyć wykałaczką z oliwką. Powtórz tę czynność z pozostałymi składnikami, aby przygotować jeszcze 3 kanapki.

i) Każdą kanapkę zawiń do połowy w papier woskowany (pomoże to złapać cały sok) i podawaj.

75.Burger wegetariański bez bułki z grillem

SKŁADNIKI:

DLA BUNLESS BURGERA:

- 8 wyśmienitych burgerów
- Olej do smażenia z awokado
- 1 awokado, pokrojone w plasterki
- 4 grzyby portobello
- 1 cebula pokrojona w krążki
- 4 plasterki wegańskiego sera cheddar
- Sos pomidorowy
- majonez

NA SAŁATKA Z BURAKÓW I JABŁEK:

- 2 buraki, obrane i starte
- 2 starte jabłka
- 1 szklanka posiekanej czerwonej kapusty
- 3 łyżki octu jabłkowego
- 2 łyżeczki surowego organicznego cukru
- 1 łyżka musztardy pełnoziarnistej
- 4 łyżki oliwy z oliwek z pierwszego tłoczenia
- ½ szklanki świeżej pietruszki, drobno posiekanej
- ½ szklanki świeżej pietruszki, drobno posiekanej
- ½ łyżeczki świeżo zmielonych ziaren czarnego pieprzu
- Pokrojone w plasterki korniszony do dekoracji

INSTRUKCJE:
a) W misce umieść buraki, jabłko i czerwoną kapustę.
b) Dodać ocet, cukier, musztardę, oliwę i natkę pietruszki. Połącz dobrze. Doprawić do smaku. Odłożyć na bok.
c) Rozgrzej grilla. Ugotuj wegetariańskie burgery dla smakoszy, grzyby i krążki cebuli z odrobiną oleju kuchennego z awokado.
d) Połącz sos pomidorowy i majonez. Odłożyć na bok.

ZŁOŻYĆ
e) Najpierw połóż plasterek wegańskiego sera na wegetariańskim burgerze.
f) Rozpuść ser wegański, umieszczając go pod grillem lub podgrzewaj w kuchence mikrofalowej, aż się rozpuści.
g) Posmaruj sosem pomidorowym z majonezem, a następnie ułóż grzyby, plasterki awokado, buraki i sałatkę jabłkową.
h) Na kolejnym wegetariańskim burgerze posmaruj trochę sosu majonezowo-pomidorowego, połóż go na wierzchu burgera i ułóż sosem do dołu, aby go ukończyć.
i) Udekoruj ugotowanymi plasterkami cebuli i korniszonami na wierzchu burgera.
j) Włóż szpikulec, aby pozostał nienaruszony.

76.Quesadilla z Cheddarem Chipotle

SKŁADNIKI:

- Tortille
- 2 szklanki twarogu
- 2 szklanki sera Cheddar
- 1 Papryka
- 1 szklanka grzybów Portobello
- 2-3 łyżki przyprawy Chipotle
- Łagodna salsa do maczania

INSTRUKCJE:

a) Dodaj paprykę (pokrojoną w plasterki, czerwoną) i grzyby (pokrojone) na dużą patelnię grillową na średnim ogniu.

b) Gotuj około 10 minut, aż będzie miękkie. Wyjmij, a następnie przenieś do miski (średniej). Odłożyć na bok.

c) Do małej miski dodaj przyprawę chipotle i twarożek. Dobrze wymieszaj, aby włączyć.

d) Ułóż tortille na patelni grillowej i polej je mieszanką warzywną.

e) Posyp wierzch mieszanką twarogu, a następnie posyp serem Cheddar (posiekanym).

f) Na wierzch nadzienia ułóż dodatkową tortillę.

g) Smaż przez około 2 minuty, a następnie odwróć i kontynuuj smażenie przez kolejną minutę.

h) Powtórz proces z pozostałymi tortillami i nadzieniem.

i) Podawać natychmiast z salsą (łagodną).

77.Pasztet warzywny z bulgurem i soczewicą

SKŁADNIKI:

- 2 szklanki ugotowanej soczewicy
- 1 szklanka wędzonych grzybów Portobello,
- 1 szklanka pszenicy bulgur
- 2 ząbki prażonego czosnku,
- 1 łyżka Worcestershire
- 2 łyżki oleju z orzechów włoskich
- ¼ łyżeczki estragonu, posiekanego
- Sól i pieprz do smaku

INSTRUKCJE:

a) Przygotuj grill opalany drewnem lub węglem drzewnym i pozwól mu spalić się na popiół.

b) W misce miksującej rozgnieść soczewicę na gładką masę.

c) Dodać wszystkie pozostałe składniki i wymieszać aż do dokładnego połączenia.

d) Schłodzić przez co najmniej 2 godziny. Uformuj burgery.

e) Posmaruj burgery oliwą z oliwek i grilluj przez 6 minut z każdej strony lub do momentu, aż będą gotowe.

f) Podawać na gorąco z ulubionymi przyprawami.

78.Wegetariańskie Wrapy Grzybowe Z Pesto

SKŁADNIKI:

- 1 opakowanie tortilli
- 1 duża pieczarka portobello lub 1,5 mniejszej
- 1 łyżeczka octu balsamicznego
- oliwa z oliwek, do gotowania
- 1 łyżka majonezu
- 1 łyżka pesto
- 2 ząbki czosnku, posiekane
- 1 garść szpinaku baby
- 3 pomidorki koktajlowe pokrojone w ćwiartki
- 2 łyżki fety, pokruszonej
- ¼ awokado, pokrojonego w plasterki lub kostkę
- 4-6 cienkich plastrów czerwonej cebuli

INSTRUKCJE:

e) Przygotuj grzyby. Skrop je octem balsamicznym, dodaj czosnek i wymieszaj.

f) Odłóż na bok na czas przygotowania reszty wrapa.

g) Na opakowaniu posmaruj majonezem i pesto.

h) Teraz ugotuj grzyby. Na patelni rozgrzej odrobinę oleju i smaż z każdej strony, aż ładnie się zrumieni i zredukuje, od czasu do czasu dociskając szpatułką, aby puścić płyn.

i) Gdy będzie gotowy, dodaj bezpośrednio na górę wrapa.

j) Zwiń tortillę, zlepiając jej końce i przekrój na pół. Podawać.

79.Seitan Burrito

SKŁADNIKI:
- Czosnek; pokrojone w kostkę
- Cebule; pokrojony
- 2 ogromne grzyby Portobello; pokrojony
- Seitan w stylu Fajita
- Cynamon
- Kminek
- Chili w proszku
- Tortilla
- Wegański ser Cheddar o obniżonej zawartości tłuszczu

INSTRUKCJE:
a) Cebulę pokroić w plasterki i wrzucić na patelnię do podsmażenia . Dodaj dwa duże grzyby Portobello . Następnie dodaj plasterki seitanu. Dodaj odrobinę cynamonu, kminku i chili w proszku.

b) Ciepło tortilla do miękkości na patelni z powłoką nieprzywierającą, posypać BARDZO małą ilością sera cheddar o obniżonej zawartości tłuszczu, przełożyć na talerz i łyżką posypać grzybami mieszaninę seitanu i złożyć jak burrito.

80.Obfite burgery Portobello

SKŁADNIKI:

- ½ łyżki oleju kokosowego
- 1 łyżeczka oregano
- 2 kapelusze grzybów Portobello
- 1 ząbek czosnku
- Sól
- Czarny pieprz
- 1 łyżka musztardy Dijon
- ¼ szklanki sera Cheddar
- 6 uncji wołowiny/żubra

INSTRUKCJE:

a) Rozgrzej patelnię, w misce wymieszaj przyprawy i olej.
b) Usuń skrzela z grzybów i włóż je do marynaty, aż będą potrzebne.
c) Dodaj wołowinę, ser, sól, musztardę i pieprz do drugiej miski i wymieszaj do połączenia; uformować pasztecik.
d) Zamarynowane czapki połóż na grillu i piecz przez 8 minut, aż do całkowitego rozgrzania. Połóż pasztet na grillu i smaż z każdej strony po 5 minut.
e) Z grilla wyjmij „bułeczki" i połóż na nich burgera oraz dowolne inne dodatki.
f) Podawać.

81.Portobello Po'Chłopcy

SKŁADNIKI:

- 3 łyżki oliwy z oliwek
- 4 kapelusze grzybów Portobello, lekko opłukane, osuszone i pokrojone na 1-calowe kawałki
- 1 łyżeczka przyprawy Cajun
- Sól i świeżo zmielony czarny pieprz
- $1/4$ szklanki majonezu wegańskiego
- 4 chrupiące bułeczki przekrojone poziomo na pół
- 4 plasterki dojrzałego pomidora
- $1 1/2$ filiżanek posiekanej sałaty rzymskiej
- sos tabasco

INSTRUKCJE:

a) Na dużej patelni rozgrzej olej na średnim ogniu. Dodaj grzyby i smaż, aż się zrumienią i zmiękną, około 8 minut.

b) Doprawić przyprawą Cajun oraz solą i pieprzem do smaku. Odłożyć na bok.

c) Na wycięte boki każdej bułki posmaruj majonezem.

d) Na spodzie każdej bułki połóż plasterek pomidora, a na wierzch połóż posiekaną sałatę. Na wierzchu ułóż kawałki grzybów, posyp Tabasco do smaku, przykryj drugą połową bułki i podawaj.

ZUPY

82.Zupa Grzybowa Portobello

SKŁADNIKI:

- 300 ml pojedynczego kremu
- 1 litr mleka
- 200 ml zimnej wody
- 1 duża cebula, pokrojona w kostkę
- 50 g masła
- Sól
- 250 g grzybów portobello, drobno pokrojonych
- 100 g pieczarek, drobno pokrojonych
- 50 ml ciemnego słodkiego wina madera
- 4 liście laurowe
- 200ml śmietanki podwójnej
- Czarny pieprz
- 6 małych liści laurowych do podania

INSTRUKCJE:

a) W dużym rondlu powoli zagotuj śmietankę, mleko i wodę.

b) W międzyczasie w drugim rondlu powoli podsmaż cebulę z masłem, 2 liśćmi laurowymi i odrobiną soli. Gdy cebula stanie się przezroczysta, dodaj grzyby i smaż na większym ogniu, aż wilgoć odparuje. Dodaj wino madera i zredukuj do lepkiej glazury.

c) Wlać wrzącą śmietankę, dobrze wymieszać i ponownie zagotować. Gotuj nie dłużej niż 5 minut, usuń liście i zmiksuj na gładko.

d) Jeśli podwójną śmietankę z liśćmi laurowymi dodałeś na noc, usuń ją przed ubiciem śmietanki na jasny Chantilly – powinna zgęstnieć i spadać niechętnie z łyżki. W przeciwnym razie dodaj posiekane liście laurowe.

e) Zupę podawać z łyżką śmietanki, odrobiną pieprzu i małym listkiem laurowym.

83.Zupa Z Kurczaka I Grzybów Z Dzikim Ryżem

SKŁADNIKI:

- 1,5 funta świeżych grzybów Użyłem organicznego shiitake i małych portobellos
- 1 funt kurczaka ugotowanego i rozdrobnionego
- 8 C. bulion lub bulion z kości kurczaka
- 1 C. marchewka pokrojona w kostkę
- 1 C. seler pokrojony w kostkę
- 1 C. cebula biała pokrojona w kostkę
- 1 C. Mieszanka ryżu dzikiego
- 1 C. gęsta śmietana
- 6 oz. serek śmietankowy zmiękczony
- 5 ząbków czosnku posiekanych
- 2 łyżki stołowe. masło pochodzące od zwierząt karmionych trawą
- 2 łyżeczki organicznej bazy do kurczaka
- 3 krople olejku eterycznego z czarnego pieprzu
- 2 krople olejku tymiankowego
- 2 krople olejku eterycznego z pietruszki
- Sól dla smaku

INSTRUKCJE:

a)   Marchew, seler, czosnek i cebulę włóż do garnka z masłem i przykryj.

b)   Smażyć na małym ogniu do miękkości. Dodać grzyby i wymieszać do połączenia.

c)   Przykryj na 5 minut i pozwól grzybom puścić sok.

d)   Odkryć i poczekać, aż płyn zredukuje się o połowę. Dodaj bulion z kurczaka (lub bulion), bazę z kurczaka i ryż. gotowanie warzyw w bulionie

e)   Odcedź i gotuj na małym ogniu przez 40-50 minut.

f)   Podczas gdy zupa się gotuje, wymieszaj w małej misce miękki serek śmietankowy i olejki eteryczne. Dodaj kilka łyżek gorącego płynu z patelni do mieszanki serka śmietankowego. Zamieszać.

g)   Zdejmij garnek z ognia i wymieszaj mieszaninę serka śmietankowego i ciężką śmietanę w garnku, aż do całkowitego połączenia i gładkiej masy. Dodaj kurczaka.

h)   Ponownie podgrzej zupę, aż zacznie się gotować.

i)   Zdejmij z ognia i podawaj.

84.Zupa Krem z Portobello

SKŁADNIKI:

- 1/2 funta świeżych grzybów shiitake
- 1/2 funta małych grzybów portobello
- 1 średnia cebula, posiekana
- 1 średnia marchewka, posiekana
- 1 łyżka oliwy z oliwek
- 1 łyżka stołowa plus 1/2 szklanki masła, podzielone
- 5 szklanek wody
- 1 gałązka świeżego tymianku
- 1-1/4 łyżeczki soli, podzielone
- 3/4 łyżeczki grubo zmielonego pieprzu, podzielone
- 2 szklanki posiekanych porów (tylko biała część)
- 1/4 szklanki mąki uniwersalnej
- 1 szklanka białego wina lub bulionu z kurczaka
- 1 łyżeczka posiekanego świeżego tymianku
- 1 szklanka gęstej śmietanki do ubijania
- 1 szklanka pół na pół śmietanki
- 1/2 szklanki posiekanej świeżej pietruszki

INSTRUKCJE:

a) Usuń łodygi grzybów i grubo posiekaj. Pokrój kapelusze grzybów na kawałki o średnicy 1/4 cala. plasterki. Odłożyć.

b) Podsmaż łodygi grzybów, marchewkę i cebulę na oleju z 1 łyżką masła w dużym rondlu na średnim ogniu, aż będą miękkie. Wymieszaj wodę, 1/4 łyżeczki pieprzu, 1/2 łyżeczki soli i gałązkę tymianku. Zagotuj, zmniejsz ogień i gotuj na wolnym ogniu przez około 30 minut bez przykrycia. Przefiltruj bulion, wyrzuć przyprawy i

c) warzywa. Odłóż 4-1/2 szklanki bulionu na bok.

d) Na małym ogniu ugotuj pory na pozostałym maśle w holenderskim piekarniku, aż zaczną się rumienić, około 25-30 minut, od czasu do czasu mieszając. Wymieszaj kapelusze grzybów; gotować, aż zmięknie, jeszcze około 10 minut.

e) Następnie wymieszaj mąkę, aż dobrze się wymiesza; stopniowo dodawaj wino. Dodaj zarezerwowany bulion grzybowy, pieprz, pozostałą sól i tymianek.

f) Doprowadzić do wrzenia; gotować i mieszać, aż zgęstnieje, około 2 minut. Następnie dodaj pietruszkę i kremy; podgrzać (nie gotować).

85.Zupa Z Pieczonego Czosnku I Pieczarek Portobello

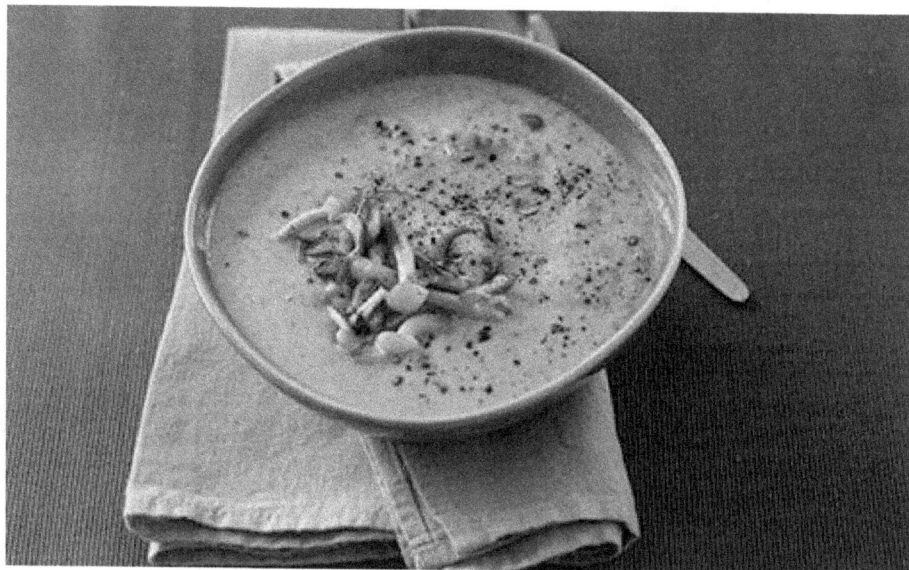

SKŁADNIKI:

- 6 dużych grzybów portobello pokrojonych w plasterki
- 1 główka czosnku, prażona
- 1 cebula, posiekana
- 4 szklanki bulionu warzywnego lub drobiowego
- 2 łyżki oliwy z oliwek
- 1 szklanka mleka lub śmietanki
- Sól i pieprz do smaku
- Świeża natka pietruszki do dekoracji

INSTRUKCJE:

a) Rozgrzej piekarnik do 400°F (200°C).

b) Pokrojone w plasterki grzyby portobello ułóż na blasze do pieczenia, skrop oliwą z oliwek i piecz przez 20 minut.

c) Wyciśnij prażone ząbki czosnku z główki.

d) W garnku podsmaż cebulę, aż będzie przezroczysta. Dodać pieczone grzyby i czosnek.

e) Wlać bulion i doprowadzić do wrzenia. Gotuj przez 15-20 minut.

f) Do zmiksowania zupy użyj blendera zanurzeniowego.

g) Dolać mleko lub śmietanę, doprawić solą i pieprzem i dusić jeszcze przez 5 minut.

h) Przed podaniem udekoruj świeżą natką pietruszki.

86.Ziołowa zupa grzybowa Portobello

SKŁADNIKI:

- 6 dużych grzybów portobello, posiekanych
- 1 por, pokrojony w plasterki
- 2 marchewki, pokrojone w kostkę
- 4 szklanki bulionu warzywnego lub drobiowego
- 1 łyżeczka suszonego tymianku
- 1 łyżeczka suszonego rozmarynu
- 1 liść laurowy
- 2 łyżki oliwy z oliwek
- Sól i pieprz do smaku
- Świeży szczypiorek do dekoracji

INSTRUKCJE:

a) W garnku na oliwie podsmaż por i marchewkę, aż zmiękną.

b) Dodaj posiekane grzyby portobello i smaż przez 5 minut.

c) Zalewamy bulionem, dodajemy suszony tymianek, rozmaryn i liść laurowy. Doprowadź do wrzenia i gotuj przez 15-20 minut.

d) Dopraw solą i pieprzem do smaku.

e) Wyjmij liść laurowy i za pomocą blendera zanurzeniowego zmiksuj zupę na puree.

f) Przed podaniem udekoruj świeżym szczypiorkiem.

87.Curry Zupa Grzybowa Portobello

SKŁADNIKI:

- 6 dużych grzybów portobello pokrojonych w plasterki
- 1 cebula, posiekana
- 2 ząbki czosnku, posiekane
- 1 łyżka curry w proszku
- 4 szklanki bulionu warzywnego lub drobiowego
- 1 puszka (14 uncji) mleka kokosowego
- 2 łyżki oliwy z oliwek
- Sól i pieprz do smaku
- Świeża kolendra do dekoracji

INSTRUKCJE:

a) W garnku podsmaż cebulę i czosnek na oliwie z oliwek, aż będą przezroczyste.

b) Dodać pokrojone w plasterki grzyby portobello i curry, smażyć 5 minut.

c) Wlać bulion i mleko kokosowe. Doprowadź do wrzenia i gotuj przez 15-20 minut.

d) Dopraw solą i pieprzem do smaku.

e) Do zmiksowania zupy użyj blendera zanurzeniowego.

f) Przed podaniem udekoruj świeżą kolendrą.

88.Zupa Z Dzikiego Ryżu I Grzybów Portobello

SKŁADNIKI:

- 6 dużych grzybów portobello pokrojonych w kostkę
- 1 szklanka dzikiego ryżu, ugotowanego
- 1 cebula, drobno posiekana
- 3 marchewki, pokrojone w kostkę
- 4 szklanki bulionu warzywnego lub drobiowego
- 2 łyżki oliwy z oliwek
- 1 szklanka mleka lub śmietanki
- Sól i pieprz do smaku
- Świeża natka pietruszki do dekoracji

INSTRUKCJE:

a) W garnku na oliwie podsmaż cebulę i marchewkę, aż zmiękną.
b) Dodaj pokrojone w kostkę grzyby portobello i smaż przez 5 minut.
c) Wlać bulion i doprowadzić do wrzenia. Gotuj przez 15-20 minut.
d) Wymieszaj ugotowany dziki ryż i mleko lub śmietanę.
e) Dopraw solą i pieprzem do smaku.
f) Gotuj na wolnym ogniu przez dodatkowe 10 minut.
g) Przed podaniem udekoruj świeżą natką pietruszki.

89.Łatwy Portobell lub Zupa

SKŁADNIKI:
- 6 dużych grzybów portobello, posiekanych
- 1 cebula, drobno pokrojona
- 3 ząbki czosnku, posiekane
- 4 szklanki bulionu warzywnego lub drobiowego
- 1 szklanka gęstej śmietanki
- 2 łyżki masła
- Sól i pieprz do smaku
- Świeży tymianek do dekoracji

INSTRUKCJE:
a) W dużym garnku rozpuść masło na średnim ogniu.
b) Dodać cebulę i czosnek, smażyć aż zmiękną.
c) Dodaj posiekane grzyby portobello i smaż, aż puszczą wilgoć.
d) Wlać bulion i doprowadzić do wrzenia. Pozwól gotować przez 15-20 minut.
e) Za pomocą blendera zanurzeniowego zmiksuj zupę na gładką masę.
f) Wymieszać z gęstą śmietaną i doprawić solą i pieprzem.
g) Dusić przez dodatkowe 5 minut.
h) Przed podaniem udekoruj świeżym tymiankiem.

90.Zupa Z Soczewicy I Portobello

SKŁADNIKI:

- 6 dużych grzybów portobello pokrojonych w plasterki
- 1 szklanka suszonej soczewicy, opłukanej i odsączonej
- 1 cebula, posiekana
- 3 ząbki czosnku, posiekane
- 4 szklanki bulionu warzywnego
- 1 puszka (14 uncji) pokrojonych w kostkę pomidorów
- 2 łyżki oliwy z oliwek
- 1 łyżeczka mielonego kminku
- Sól i pieprz do smaku
- Świeża kolendra do dekoracji

INSTRUKCJE:

a) W garnku podsmaż cebulę i czosnek na oliwie z oliwek, aż będą przezroczyste.

b) Dodać pokrojone w plasterki grzyby portobello i smażyć przez 5 minut.

c) Dodajemy suszoną soczewicę, bulion warzywny, pokrojone w kostkę pomidory i mielony kminek.

d) Doprowadzić do wrzenia, następnie zmniejszyć ogień i gotować przez 25-30 minut lub do momentu, aż soczewica będzie miękka.

e) Dopraw solą i pieprzem do smaku.

f) Przed podaniem udekoruj świeżą kolendrą.

91.Zupa Portobello z Czosnkiem I Parmezanem

SKŁADNIKI:

- 6 dużych grzybów portobello, posiekanych
- 1 cebula, drobno pokrojona
- 4 ząbki czosnku, posiekane
- 4 szklanki bulionu warzywnego lub drobiowego
- 1 szklanka startego parmezanu
- 1 szklanka gęstej śmietanki
- 3 łyżki masła
- Sól i pieprz do smaku
- Świeży tymianek do dekoracji

INSTRUKCJE:

a) W garnku rozpuść masło na średnim ogniu. Dodać cebulę i czosnek, smażyć aż zmiękną.
b) Dodaj posiekane grzyby portobello i smaż, aż puszczą wilgoć.
c) Wlać bulion i doprowadzić do wrzenia. Gotuj przez 15-20 minut.
d) Za pomocą blendera zanurzeniowego zmiksuj zupę na gładką masę.
e) Wymieszać z parmezanem i gęstą śmietaną.
f) Dopraw solą i pieprzem do smaku.
g) Dusić przez dodatkowe 5 minut.
h) Przed podaniem udekoruj świeżym tymiankiem.

92.Zupa Portobello z tortillą grzybową

SKŁADNIKI:

- 6 dużych grzybów portobello pokrojonych w plasterki
- 1 cebula, posiekana
- 2 ząbki czosnku, posiekane
- 1 puszka (14 uncji) pokrojonych w kostkę pomidorów z zielonym chilli
- 4 szklanki bulionu warzywnego lub drobiowego
- 1 szklanka ziaren kukurydzy
- 1 łyżeczka mielonego kminku
- Paski tortilli do dekoracji
- Plasterki awokado do dekoracji
- Świeża kolendra do dekoracji

INSTRUKCJE:

a) W garnku podsmaż cebulę i czosnek, aż będą przezroczyste.

b) Dodać pokrojone w plasterki grzyby portobello i smażyć przez 5 minut.

c) Wymieszaj pokrojone w kostkę pomidory z zielonym chilli, bulionem warzywnym, kukurydzą i mielonym kminkiem.

d) Doprowadź do wrzenia i gotuj przez 15-20 minut.

e) Dopraw solą i pieprzem do smaku.

f) Zupę podawaj z paskami tortilli, plasterkami awokado i świeżą kolendrą.

SAŁATKI

93.Sałatka z grillowanych grzybów Portobello

SKŁADNIKI:

- 4 duże grzyby portobello, oczyszczone i pozbawione łodyg
- 2 łyżki oliwy z oliwek
- Sól i czarny pieprz do smaku
- 4 szklanki mieszanej sałaty zielonej
- 1 szklanka pomidorków koktajlowych, przekrojonych na połówki
- 1/2 czerwonej cebuli, pokrojonej w cienkie plasterki
- 1/4 szklanki sera feta, pokruszonego
- Balsamiczny sos winegret

INSTRUKCJE:

a) Rozgrzej grill lub patelnię grillową na średnim ogniu.

b) Grzyby portobello posmaruj oliwą z oliwek, dopraw solą i pieprzem.

c) Grilluj grzyby po 4-5 minut z każdej strony, aż będą miękkie.

d) Grillowane grzyby pokroić w plasterki.

e) W dużej misce wymieszaj mieszankę sałat, pomidorki koktajlowe, pokrojoną w plasterki czerwoną cebulę i grillowane plastry portobello.

f) Sałatkę posypujemy pokruszonym serem feta.

g) Skropić balsamicznym sosem winegret.

h) Delikatnie wymieszaj sałatkę, aby połączyć wszystkie składniki.

i) Natychmiast podawaj.

94.Sałatka Portobello i Quinoa

SKŁADNIKI:

- 4 duże grzyby portobello, pokrojone w plasterki
- 1 szklanka ugotowanej komosy ryżowej
- 1 ogórek, pokrojony w kostkę
- 1 papryka (dowolny kolor), pokrojona w kostkę
- 1/4 szklanki posiekanej świeżej pietruszki
- 1/4 szklanki sera feta, pokruszonego
- Sos cytrynowo-ziołowy

INSTRUKCJE:

a) Na patelni podsmaż plastry grzybów portobello do miękkości.

b) W dużej misce połącz ugotowaną komosę ryżową, smażone grzyby, pokrojony w kostkę ogórek, pokrojoną w kostkę paprykę i posiekaną natkę pietruszki.

c) Sałatkę posypujemy pokruszonym serem feta.

d) Skropić dressingiem cytrynowo-ziołowym.

e) Delikatnie wymieszaj sałatkę, aby składniki się połączyły.

f) Podać schłodzone.

95.Sałatka ze szpinakiem i grzybami Portobello

SKŁADNIKI:

- 4 duże grzyby portobello, pokrojone w plasterki
- 6 szklanek szpinaku baby
- 4 plasterki boczku, ugotowane i pokrojone
- 1/4 szklanki czerwonej cebuli, pokrojonej w cienkie plasterki
- 1/4 szklanki orzechów włoskich, prażonych
- Ciepły sos bekonowy

INSTRUKCJE:

a) Na patelni podsmaż plastry grzybów portobello, aż puszczą wilgoć.

b) W dużej misce sałatkowej połącz młody szpinak, smażone grzyby, pokruszony boczek, pokrojoną w plasterki czerwoną cebulę i prażone orzechy włoskie.

c) Sałatkę polej ciepłym dressingiem z bekonu.

d) Delikatnie wymieszaj sałatkę, aby połączyć wszystkie składniki.

e) Natychmiast podawaj.

96.Sałatka Caprese Portobello z grzybami

SKŁADNIKI:

- 4 duże grzyby portobello, oczyszczone i pozbawione łodyg
- 1 szklanka pomidorków koktajlowych, przekrojonych na połówki
- 1 kulka świeżej mozzarelli, pokrojona w plasterki
- Świeże liście bazylii
- Glazura balsamiczna
- Oliwa z oliwek
- Sól i czarny pieprz do smaku

INSTRUKCJE:

a) Rozgrzej piekarnik do 190°C (375°F).

b) Grzyby portobello ułóż na blasze do pieczenia, skrop oliwą z oliwek, dopraw solą i pieprzem.

c) Pieczarki pieczemy przez 15-20 minut, aż będą miękkie.

d) Na półmisku ułóż pieczone grzyby portobello, pomidorki koktajlowe i plastry świeżej mozzarelli.

e) Włóż liście świeżej bazylii pomiędzy plasterki grzybów i pomidorów.

f) Skropić glazurą balsamiczną.

g) Podawać w temperaturze pokojowej.

97.Sałatka śródziemnomorska z grzybami Portobello

SKŁADNIKI:

- 4 duże grzyby portobello, pokrojone w plasterki
- 1 szklanka pomidorków koktajlowych, przekrojonych na połówki
- 1 ogórek, pokrojony w kostkę
- 1/2 czerwonej cebuli, pokrojonej w cienkie plasterki
- 1/2 szklanki oliwek Kalamata, pokrojonych w plasterki
- 1/2 szklanki sera feta, pokruszonego
- Świeże oregano, posiekane
- Grecki dressing

INSTRUKCJE:

a) Na patelni podsmaż plastry grzybów portobello do miękkości.

b) W dużej misce połącz pomidorki koktajlowe, pokrojony w kostkę ogórek, pokrojoną w plasterki czerwoną cebulę, oliwki Kalamata i smażone grzyby.

c) Sałatkę posypujemy pokruszonym serem feta.

d) Dodaj posiekane świeże oregano.

e) Skropić dressingiem greckim.

f) Delikatnie wymieszaj sałatkę, aby ją połączyć.

g) Podać schłodzone.

98.Azjatycka sałatka z makaronem Portobello i grzybami

SKŁADNIKI:

- 4 duże grzyby portobello, pokrojone w plasterki
- 8 uncji makaronu ryżowego, ugotowanego i schłodzonego
- 1 papryka (dowolny kolor), pokrojona w julienne
- 1 marchewka, pokrojona w julienne
- 1/2 szklanki groszku śnieżnego, pokrojonego w plasterki
- 1/4 szklanki zielonej cebuli, pokrojonej w plasterki
- Nasiona sezamu do dekoracji
- Sos sojowo-imbirowy

INSTRUKCJE:

a) Na patelni podsmaż plastry grzybów portobello, aż puszczą wilgoć.

b) W dużej misce połącz ugotowany makaron ryżowy, paprykę w julienne, marchewkę w julienne, pokrojony groszek śnieżny i smażone grzyby.

c) Dodaj pokrojoną w plasterki zieloną cebulę.

d) Skropić dressingiem sojowo-imbirowym.

e) Delikatnie wymieszaj sałatkę.

f) Udekoruj nasionami sezamu.

g) Podać schłodzone.

99.Ciepła Sałatka Portobello I Kozim Serem

SKŁADNIKI:

- 4 duże grzyby portobello, pokrojone w plasterki
- 6 szklanek rukoli
- 1/2 szklanki pomidorków cherry, przekrojonych na połówki
- 1/4 szklanki orzeszków piniowych, prażonych
- 4 uncje sera koziego, pokruszonego
- Redukcja balsamiczna
- Oliwa z oliwek
- Sól i czarny pieprz do smaku

INSTRUKCJE:

a) Na patelni podsmaż plastry grzybów portobello do miękkości.

b) W dużej misce sałatkowej połącz rukolę, pomidorki koktajlowe, prażone orzeszki piniowe i smażone grzyby.

c) Sałatkę pokruszyć kozim serem.

d) Skropić redukcją balsamiczną i oliwą z oliwek.

e) Doprawić solą i pieprzem.

f) Delikatnie wymieszaj sałatkę, aby ją połączyć.

g) Natychmiast podawaj.

100.Południowo-Zachodnia Sałatka Quinoa I Portobello

SKŁADNIKI:

- 4 duże grzyby portobello pokrojone w kostkę
- 1 szklanka ugotowanej komosy ryżowej, ostudzonej
- 1 puszka (15 uncji) czarnej fasoli, przepłukana i odsączona
- 1 szklanka ziaren kukurydzy, świeżych lub mrożonych
- 1 czerwona papryka, pokrojona w kostkę
- 1/4 szklanki posiekanej kolendry
- Winegret limonkowy
- Plasterki awokado do dekoracji

INSTRUKCJE:

a) Na patelni podsmaż pokrojone w kostkę grzyby portobello, aż puszczą wilgoć.

b) W dużej misce połącz ugotowaną komosę ryżową, czarną fasolę, kukurydzę, pokrojoną w kostkę czerwoną paprykę i smażone grzyby.

c) Dodaj posiekaną kolendrę.

d) Skropić winegretem limonkowym.

e) Delikatnie wymieszaj sałatkę.

f) Udekoruj plasterkami awokado.

g) Podać schłodzone.

WNIOSEK

Kończąc naszą przygodę dla smakoszy „Z miłości do grzybów Portobello", mamy nadzieję, że doświadczyłeś radości z udoskonalania swoich kulinarnych kreacji za pomocą króla grzybów. Każdy przepis na tych stronach jest celebracją mocnego umami, mięsistej konsystencji i wszechstronności, jakie grzyby Portobello wnoszą na Twój stół – świadectwo możliwości dla smakoszy drzemiących w tej królewskiej grzybie.

Niezależnie od tego, czy delektowałeś się prostotą grillowanych steków Portobello, odkryłeś kreatywność w zakresie nadziewanych czapek, czy też zgłębiłeś głębię dań inspirowanych grzybami, ufamy, że te przepisy rozpaliły Twoją pasję do wykwintnego gotowania grzybów. Niech poza składnikami i technikami koncepcja gotowania z miłości do grzybów Portobello stanie się źródłem inspiracji, kreatywności i pysznej podróży do świata grzybowych rozkoszy.

W miarę odkrywania kulinarnego potencjału króla grzybów, niech „Z Miłości Do Grzybów Portobello" będzie Twoim zaufanym towarzyszem, prowadzącym Cię przez różnorodne opcje dla smakoszy, które ukazują bogactwo i wszechstronność Portobello. Oto delektowanie się ziemistą i mięsną dobrocią, tworzenie kulinarnych arcydzieł i celebrowanie miłości do króla grzybów. Smacznego!